천년의 성지
천년의 가피

오대산 적멸보궁

천년의 성지 천년의 가피
오대산 적멸보궁

초판 1쇄 : 2016년 5월 14일
초판 2쇄 : 2017년 10월 30일

엮은이 | 중대 사자암
펴낸이 | 남배현

기획 | 모지희
책임편집 | 박석동

펴낸곳 | 모과나무
등록 2006년 12월 18일(제300-2009-166호)

주소 | 서울시 종로구 종로19, A동 1501호
전화 | 02-725-7011
전송 | 02-732-7019
전자우편 | mogwabooks@hanmail.net

디자인 | Kafieldesign

ISBN 979-11-87280-03-3

이 도서의 국립중앙도서관 출판예정도서목록(CIP)은
서지정보유통지원시스템 홈페이지(http://seoji.nl.go.kr)와
국가자료공동목록시스템(http://nl.go.kr/kolisnet)에서
이용하실 수 있습니다.(CIP제어번호 : CIP2016010903)

ⓒ 중대 사자암, 2016

모과
나무 (주)법보신문사의 출판 브랜드입니다.
지혜의 향기로 마음과 마음을 잇습니다.

천년의 성지
천년의 가피

오대산 적멸보궁

모과나무

오대산으로 가서
상원사와 중대가 앉아 있는
비로봉에 올라
불뇌佛腦와 정골頂骨을 봉안하고
가라허伽羅墟에 비를 세웠다.

《오대산사적기》중에서

오내산 적밀보궁 사리답 뒷면 닥본

중대 사자암을 품고 있는 오대산은 문수보살의 성산이다. 산 전체가 불교 성지가 되는 곳은 남한에서는 오대산이 유일하다. 동대 만월산, 남대 기린산, 서대 장령산, 북대 상왕봉, 중대 비로봉에는 각각 1만의 보살들이 그 모습을 나투었다.

찬바람 불고 서리 오기 전에

어디로 갈까

걸망 메고 망설이다가

가부좌 틀어 눈 감으니

바로

이 자리가 그 자리인 것을

내 어찌하여 그렇게도 몰랐을까

박용열의 시 〈오대산 가는 길〉 중에서

위의 세 칸은 부처님을 모시고 승방으로 쓰일 공간이고,
아래 두 칸은 문간과 세각洗閣으로 쓰기 위한 것이다.
규모는 비록 작지만 형세에 합당하고 알맞게 만들어
사치하거나 크게 만들려고 하지 않았다.

《양촌집》 중에서

한국불교의 첫 자리,
오대산 적멸보궁

불교는 부처님의 가르침이고 부처가 되는 가르침입니다. 불교를 믿는다는 것은 부처님의 가르침에 따라 수행 정진하여 부처가 되리라는 큰 목표가 있습니다. 그래서 부처님을 닮아가려는 사람들의 간절한 열망의 중심에는 부처님의 사리舍利와 이를 받드는 사리 신앙이 존재합니다.

《위서魏書》〈석노지釋老志〉에는 중국에 불교가 처음 전해진 이야기가 실려 있습니다. 그에 따르면 후한後漢 명제明帝 때인 기원후 67년, 명제는 꿈에서 금인金人을 보고 서역에 불교라는 종교가 있다는 것을 알았다고 합니다. 이에 관리 채음蔡愔을 서역에 파견합니다. 채음은 중앙아시아 대월지국大月支國에서 가섭마등迦葉摩騰과 축법란竺法蘭 스님을 만나게 됩니다. 덕분에 경전과 함께 불상과 사리를 모시고 중국으로 돌아와 백마사白馬寺를 짓고 《사십이장경四十二章經》 등을 번역합니다.

이 사리는 지금까지 중국 뤄양(洛陽)의 백마사 제운탑齊雲塔에 모셔져 있습니다. 제운탑은 높이 35미터에 13층으로 되어 있는데, 제운이라는 이름은 '어두움을 걷어내고 비로소 밝음이 열렸다'는 의미입니다. 즉 미혹한 중생의 어리석음인 무명無明의 세계에서 밝은 깨달음의 세계가 열렸다는 뜻입니다. 부처님의 사리가 중국으로 모셔지면서 중국에 불교의 빛, 진리의 빛을 사여賜與한 영광스러운 일입니다.

한국불교의 시작도 사리와 관련이 있습니다. 현재까지 확인된 가장 이른 시기의 사찰 유적인 정릉사지定陵寺址와 금강사지金剛寺址 등에서는 사찰의 중심부에 사리를 봉안한 거대한 목탑木塔이 자리합니다. 이는 사리 신앙이 당시의 가장 핵심이었다는 것을 말해줍니다. 이러한 한국 사리 신앙의 정립과 완성을 얘기할 때 자장율사慈藏律師(590~658)를 빼놓을 수 없습니다. 자장율사는 사리 신앙의 완성자라고 말할 수 있습니다.

우리가 말하는 5대 적멸보궁寂滅寶宮은 자장율사가 당나라에서 귀국할 때 가져온 부처님의 사리와 정골頂骨을 나누어 봉안한 사리가 있는 곳으로 이는 사리 신앙의 중심이 되었습니다.

자장율사는 신라의 선덕여왕善德女王 때인 638년, 당나라의 선진 불교와 교류하고 오대산五臺山의 문수보살文殊菩薩을 친견하기 위해 당나라의 수도인 장안長安으로 갑니다. 이후 당태종唐太宗을 필두로 당 황실의 융숭한 대우를 받고, 642년 오대산 북대北臺에서 문수보살을 친견하게 됩니다. 이때 부처님의 가사와 사리 등의 성물聖物을 전해 받고, 신라의 강원도에도 문수성지인 오대산이 있으니 이곳을 찾으라는 부탁을 받습니다.

643년에 귀국한 자장율사는 645~646년에 걸쳐, 황룡사皇龍寺에 사리를 모신 구층목탑을 건립합니다. 이후 통도사를 창건하고, 만년에는 문수보살의 유지를 받들어 강원도의 오대산을 개창開創합니다. 이때 처음으로 하신 일이 중대中臺 사자암獅子庵에 사리를 봉안하는 일이었습니다. 이로 인하여 '고산제일월정사高山第一月精寺 야산제일통도사野山第一通度寺'라는 말이 생깁니다.

문수보살과 자장율사에 의해서 오대산은 문수보살을 모신 한국불교 최초의 성산聖山으로 거듭납니다. 이런 점에서 본다면, 사자암의 적멸보궁은 한국불교에서도 가장 핵심이 되는 정수리, 즉 정혈頂穴과 같은 곳입니다.

오대산 상원사 중대 사자암은 적멸보궁이라는 말이 시작된 곳이자, 한국불교 사리 신앙의 최고 중심지입니다. 그렇기 때문에 통일신라 성덕왕聖德王의 귀의가 있었고, 또 고려 왕건王建의 지속적인 후원이 있었습니다. 이는 조선시대에도 계속되어 태조太祖·태종太宗·세조世祖에 이르는 동안 핵심 사찰의 위상을 가졌습니다.

이런 점에서 해량 스님에 의해, 중대 사자암 적멸보궁의 신앙 공덕에 대한 책을 발행하게 된 것을 매우 기쁘게 생각합니다. 이는 과거의 전통 계승과 더불어 한국불교에 길이 남을 사리 신앙의 뚜렷한 족적을 새기는 일이기도 합니다.

많은 분들이 깊은 신심의 바다 속에서 완전한 깨달음을 얻어 부처님의 가피와 기도 공덕을 확인하길 기원드립니다.

대한불교조계종 제4교구 월정사 주지
퇴우정념退宇正念

책을 엮으며

천 년의 전설은
다시 가피가 된다

모든 생명을 존중하면서 더불어 살겠습니다.

순간순간 성실하게 최선을 다할 것이며

항상 베푸는 삶을 살겠습니다.

주어진 상황에 감사하며 타인을 배려하겠습니다.

거짓되고 허망한 말 대신 진실과 지혜로운 말로써

주위 모든 사람의 가슴을 훈훈하게 하겠습니다.

항상 보살행을 잊지 않고 실천하며 지혜롭게 살겠습니다.

오대산 적멸보궁을 외호하면서 정진하는 중대 사자암 불자들의 마음가짐입니다. 그리고 원력입니다. 중대 사자암은 적멸보궁의 가피에 귀의하고자 하는 불자들과 국민들이 끊임없이 참배하는 도량입니다. 참배객들 중에는 종교가 없는 분들도 있고 이웃 종교인들도 있습니다. 그 분들이 중대 사자암과 적멸보궁을 순례하는 까닭은 자연경관이 수려하고 도량의 규모가 웅대해서는 아닐 것입니다.

신라를 대표하는 고승인 자장율사의 대원력으로 오늘날까지 이어진 천 년의 세월, 중대 사자암에는 수없이 많은 분들의 가피와 영험도 있었을 것이고 업연을 모두 씻어내지 못한 채 하산한 이들도 있었을 것입니다. 입에서 입으로, 마음에서 마음으로 이어진 민초와 불자들의 가피와 수행, 순례 이야기들은 중대 사자암과 적멸보궁에 상주해 온 부처님과 문수보살님의 증명 아래 정진 이야기가 되었고 전설이 되었습니다.

오대산의 부처님께 귀의해 가피를 입고 고통을 벗어난 이들은 자손들에게 이야기를 전하고 그 자손들은 대대손손 적멸보궁과 중대 사자암의 가피와 전설을 다시 전해 오대산 전체를 부처님과 문수보살님의 상주세상이라고 말했을 것입니다.

해마다 10만 명 이상이 순례하는 중대 사자암과 적멸보궁은 대한민국을 대표하는 성지 중의 성지입니다. 불자이건 그렇지 않건 국민적으로 사랑받는 도량인 중대 사자암은 오대산의 오대五臺를 상징하는 도량으로 천 년의 역사와 전설을 이어 오늘날의 가피와 기도 정진이 흐르고 있습니다.

퇴우정념 큰스님의 증명과 인연 공덕으로 중대 사자암 적멸보궁의 가피 이야기가 엮이게 된 것을 기쁘게 생각합니다. 비로전을 장엄하고 있는 주련에는 "여래의 공덕은 불가사의하며 중생들 보는 이는 번뇌가 사라지네(如來功德不思議 衆生見者煩惱滅)"라는 구절이 있습니다. 이처럼 항상 부처님의 가피를 홍포하고 이웃에 나눔을 전하는 도량으로 가꾸기 위해 쉼없이 정진하겠습니다.

중대 사자암 감원

해량海凉

차례

증명사 | 한국불교의 첫 자리, 오대산 적멸보궁   011
책을 엮으며 | 천 년의 전설은 다시 가피가 된다   016

_ 01
信, 마음을 보다
그대, 오대산의 마음을 보았는가   024
깊은 침묵의 세계로 가는 길   048

_ 02
解, 역사를 알다
적멸의 세계, 중대 사자암의 어제와 오늘   068
중대 사자암의 가람 배치와 성보문화재   108

_ 03
行, 정진하다

광명진언으로 천 년의 어둠을 밝히고　122
기도는 그릇을 준비하는 과정　140

_ 04
證, 가피를 얻다

마음 내려놓은 그 자리에서 가피를 얻다　154
발길 닿는 그곳에서 부처님을 친견하리　180
눈물과 참회로 얻은 광명진언의 가피　194
광명진언의 강력한 힘, 가피　200
어머니께서 주신 가피, 딸에게 전합니다　200

부록 | 백팔대참회문 百八大懺悔文　206

일체 법이 자성이 있는 바가

없음을 알아야 한다

이와 같이 법의 본성을 알면

바로 노사나불을 보리라

了知一切法 自性無所有

如是解法性 則見盧舍那

_01

信

마음을
보다

그대,
오대산의
마음을
보았는가

| 김택근
경향신문 전 편집부장
법보신문 고문

적멸보궁 가는 길,
상원사

맑은 날, 가을 끝에서 차를 탔다. 붉은 산과 맞닿은 하늘은 아침에도 붉었다. 달릴수록 차창 밖의 산색이 묽어지더니 이내 하늘이 높아져서 파랬다. 멀리 오대산이 보였다. 태백산맥 중간쯤에서 솟아올라 다섯 개의 봉우리가 하늘을 떠받치고 있다. 산 전체가 불교 성지인 오대산, 그 속에는 우리보다 먼저 달려온 겨울 뭉텅이가 곳곳에 웅크리고 있다.

월정사를 지나 상원사로 가는 숲길에는 잎 떨군 나무들이 바람을 떨어내고 있다. 그 바람이 다시 낙엽을 쓸고 있다. 우람한 나무들이 도열하여 전혀 다른 세계로 이끌고 있다. 흡사 황홀한 가을을 건너 묵직한 겨울로 들어가는 느낌이다. 알아들을 수 없는 말들이 허공에서 쏟아졌다. 환청일 것이라며 귀를 모으니 더욱 새 울음으로, 계곡의 물소리로 갈라졌다.

중대 사자암 적멸보궁을 찾아가는 길에 먼저 상원사에 들렀다. 상원사 경내는 고요하다. 간간이 바람이 불어와 한기寒氣를 뿌린다.

우리나라 대표적인 문수도량 상원사는 '왕의 사찰'이었다. 온통 조선 세조의 이야기가 스며있다. 세조는 조카인 단종端宗을 폐위하고 형제와 수많은 인재들을 죽였다. 권력을 잡기 위해 유교의 근간인 충효사상에 피를 뿌린 인물이다. 그 업을 씻기 위해 상원사 중창에 심혈을 기울였다. 그로 인해 여러 전설이 생겨났지만 세조가 죄를 면했다는 얘기는 전해지지 않는다.

또 상원사 경내에는 국보 제36호인 가장 오래된 동종銅鐘도 있다. 하늘 사람이 구름 위에서 무릎을 세워 하늘을 날면서 공후箜篌와 생笙을 연주하는 비천상飛天像은 일반인이 봐도 비범하다. 신라 때 만들어졌으니 천 년 넘게 울렸을 것이다. 천 개의 봉우리와 만 개의 골짜기를 굽이쳐 사바세계를 정화시켰을 것이다.

상원사의 또 다른 보물은 선방禪房이다. 바람 맑고 볕이 밝으며 위로 적멸보궁이 있으니 화두話頭를 붙들고 공부하기에는 더없이 좋은 곳이다. 명성이 쌓여 안거철에는 전국에서 스님들이 밀려든다. 아마 지금쯤 전국에서 선승禪僧들이 찾아와 상원사 선방에서 결제結制를 기다리고 있을 것이다. 일찍이 지허知虛 스님은 상원사 선방에서 동안거冬安居를 한 이야기를 《선방일기禪房日記》로 남겼다.

상원사는 지금부터 1,360여 년 전 신라 선덕여왕 때 자장율사가 초창한 사찰로서 오늘날까지 선방으로서 꾸준히 이어내려 온 선禪 도량이다. 고금을 통해 대덕스님들의 족적이 끊이지 않는 이유는 중대에 자리 잡은 적멸보궁 때문이다. …기독교의 예루살렘이나 회교의 메카처럼 납자나 불교도들이 평생 순례를 염원하는 성지로 꼽힌다. 근세에는 이 도량에서 희대의 도인이신 방한암 대선사가 상주 교화했기 때문에 강원도 특유의 감자밥을 먹으면서도 선객이라면 다투어 즐거이 앉기를 원한다. 지나간 도인들의 정다운 체취가 도량의 곳곳에서 다사롭고, 청태靑苔 낀 기왓장과 때 묻은 기둥에는 도인들의 흔적이 역연하다.

아마도 지금쯤 선방에서는 김장 울력이 한창일지도 모른다. 갑자기 선방에 가보고 싶었다. 그들의 결기와 설렘을 엿보고 싶었다. 그런 생각을 지그시 누르고 중대로 향한다. 상원사 선방 위에 선禪의 원천이 있다.

문수보살을 친견한
자장율사

상원사 옆길을 따라가니 키 큰 전나무와 잣나무가 굽어보며 어디 가느냐고 묻는다. 수백년 동안 그 자리를 지켜온 나무 밑동에는 온통 구멍 자국이다. 새들은 늙은 나무에 부리를 박고 속살을 헤집는다. 나무들은 그저 제 몸을 내주고 있다. 그쯤에서 마음을 꺼내 경건하자고 다독였다. 사람들은 적멸보궁을 오대산의 심장으로 여긴다. 하지만 오대산의 마음처럼 느껴진다.

길은 홀연 산 위로 이어진다. 잎 떨군 나무들은 고요하다. 해발 1,000미터가 넘었지만 햇살은 따스하다. 다람쥐들이 여기저기서 햇살을 굴리고 있다. 문득 산 속 동물들의 겨우살이 준비가 궁금하다. 쉬엄쉬엄 오르는데도 숨이 차다. 이윽고 다층석탑을 연상시키는 계단식 5층 절집이 나타난다. 중대 사자암이다. 오대산의 다섯 臺를 상징하여 지었다고 한다.

백두대간의 중심 오대산은 둥글면서 후덕하다. 이웃한 설악이 골산骨山임에 반해 오대산은 육산肉山이다. 1,563미터의 비로봉을 중심으로 다섯 개의 봉우리가 솟아 있고 봉우리 사이로 중대, 동대, 서대, 남대, 북대 등 다섯 개의 평평한 대지가 펼쳐져 있다. 높지만 고원이라 그 품이 넉넉하고 푸근하다. 중대를 중심으로 봉우리가 원을 그리고 있어 흡사 연꽃을 연상시킨다. 지혜의 상징 문수보살이 계신 오대산은 봉우리마다 골짜기마다 불연佛緣이 스며있다.

사자암에서 바라보는 오대산은 깊으면서도 온화하다. 그래서 보이는 곳 모두가 경내였다. 감원監院 해량 스님은 오대산에 들면 업장이 녹아내리기에 그 안의 생명붙이들도 화해롭게 공존한다고 했다. 상극 관계인 다람쥐와 청설모가 인사를 나누고, 비둘기와 까마귀의 날갯짓이 평화롭다고 한다. 부처님 정골 사리를 모신 적멸보궁에서 흘러나온 가피일 것이다. 그렇다면 당나라 오대산에 갔던 신라 자장율사는 왜 이곳까지 와서 사리를 모셨을까.《삼국유사三國遺事》는 이렇게 전한다. 자장율사가 처음에 중국 태화지太和池 연못가의 문수보살 석상이 있는 곳에 이르러 경건하게 7일 동안 기도하였는데, 문득 꿈에 부처가 네 구절의 게송을 주었다. 꿈을 깬 뒤에도 그 게송을 기억할 수 있었지만 모두 범어였으므로 그 의미를 전혀 알 수가 없었다. 이튿날 아침 홀연히 어느 한 스님이 붉은 비단에 금빛 점이 있는 가사 한 벌과 부처의 바리때 하나와 부처의 머리뼈 한 조각을 가지고 자장율사 옆으로 오더니 물었다.

"어찌해서 그리도 수심에 잠겨 있소?"

자장율사가 대답하였다.

"꿈에 네 구절의 게송을 받았지만 범어여서 그 뜻을 풀지 못해서 그럽니다."

그러자 승려가 번역하여 말해주었다.

"가라파좌낭呵囉婆佐曩이란 일체의 법을 깨달았다는 말이고, 달예치거야達嚗哆佉嘢란 본래의 성품은 가진 것이 없다는 말이오. 낭가사가낭曩伽呬伽曩이란 이와 같이 법성을 알았다는 말이고, 달예노사나達嚗盧舍那란 노사나불盧舍那佛을 곧 본다는 말이오."

그리고는 자신이 가지고 온 가사 등의 물건을 법사에게 주면서 부탁하여 말하였다.

"이것은 본사本師 석가세존釋迦世尊이 쓰시던 도구이니 그대가 잘 보관하도록 하시오."

그리고 또 말하였다.

"그대의 본국에 동북쪽 명주溟州 경계에 오대산五臺山이 있는데 1만

자장율사는 중국 오대산에서 가져온
진신사리를 강원도 오대산에 모셨다.
적멸보궁은 그렇게 탄생되었다.

의 문수보살이 항상 그곳에 머물러 있다오. 그대는 가서 뵙도록 하시오."

말을 마치자 사라졌다. 자장율사는 영험 있는 유적을 두루 찾아보고 본국으로 돌아가려는데, 태화지의 용이 나타나 재를 청하여서 7일 동안 공양을 올렸다. 그러자 용이 자장율사에게 말하였다.

"지난번 게송을 전한 늙은 승려가 바로 진짜 문수보살입니다."

문수보살을 친견하고 신라로 돌아온 자장율사는 중국 오대산과 닮은 산을 찾아다녔다. 그리고 마침내 강원도 오대산을 찾아냈고 그곳에 중국 오대산에서 가져온 진신사리眞身舍利를 모셨다. 다섯 봉우리가 평평한 대지臺地인 오대산은 그렇게 성지가 되었다.

사자암을 세우다

불심이 깊었던 신라 태자 보천寶川과 효명孝明 형제도 오대산에 숨어들었다. 형은 중대의 남쪽 지금의 상원사인 진여원眞如院 터 아래에,

아우는 북대의 남쪽 산 아래에 초암을 짓고 정진했다. 형제가 정성을 다해 오대에 나아가 공경하니 오만 부처가 나타났다며《삼국유사》는 또 이렇게 전하고 있다.

> 매일 새벽마다 문수보살이 진여원
> 즉 지금의 상원에 이르러
> 36가지의 형상으로 변하여 나타났다.
> 每日寅朝 文殊大聖 到眞如院 今上院 變現三十六種形

《삼국유사》의 기록대로 중대에는 문수보살이 계시니 사자암을 세움이 당연했을 것이다. 문수보살은 사자를 타고 다니기 때문이다. 중대 사자암은 조선 태종 1400년 11월 중창되었으며 이후 왕실의 내원당內願堂이었다. 명종明宗 때에는 승영사찰僧營寺刹이었다가 1646년 중수되었다. 1878년 고쳐 지었고, 요사채 향각香閣이 낡아 오대산 월정사 주지 정념 스님의 발원으로 불사가 이뤄져 2006년 오늘의 모습으로 마무리되었다. 대법당인 비로전毘盧殿은 비로자나부처님을 모셨고, 문수와 보현이 협시보살상脇侍菩薩像으로 계신다.

천 년의
전설

중대 사자암에서 다시 적멸보궁을 향해 걸었다. 한참을 걷다보니 용안수龍眼水라 불리는 샘이 나타났다. 오대산의 산세에서 적멸보궁의 위치는 용의 머리, 샘은 용의 눈에 해당하기 때문에 용안수로 불렸다고 한다. 샘 옆으로는 구멍 하나가 나 있는데 용의 콧구멍이라고 한다. 이 구멍에 나뭇잎을 채워놓고 날이 밝아 찾아와보면 빈 구멍만 있다고 한다. 용의 콧김에 날아가버렸기 때문이라는 것이다.

  계단을 오르고 오르니 마침내 적멸보궁이 나타났다. 적멸보궁은 단아하고 그윽했다. 보궁의 자리는 막 승천하려는 용의 정수리 부분으로 천하의 명당이라고 한다. 조선시대 암행어사 박문수도 이곳을 본 후 감탄했다고 한다.

승려들이 좋은 기와집에서 살며 편히 남의 공양만 받아먹고 사는 이유를 이제야 알겠다.

둘도 없는 명당에 조상(부처)을 모셨으니 후손(승려)이 잘 될 수밖에 없다는 이야기다. 643년경에 사리를 모신 이후 1,370년이 지났으니 얼마나 많은 일화들이 생겨나고 또 소멸했을까. 여기에는 명나라를 세운 주원장朱元璋도 등장한다. 주원장이 자신의 유택遊宅을 마련하려 다섯 명의 지관에게 명당을 찾으라 명했다. 지관들은 중국 각지를 뒤졌지만 명당을 찾지 못하고 조선까지 넘어왔다. 조선 산야를 뒤지던 지관들은 오대산 적멸보궁터를 발견하고는 깜짝 놀랐다. 일찍이 보지 못했던 길지吉地 중의 길지였다. 그들은 숨어서 산세를 살피며 왕에게 바칠 지도를 그렸다. 하지만 하늘이 이를 허락하지 않았으니 지관들은 마른 하늘에서 떨어진 벼락을 맞고 모두 죽었다고 한다. 적멸보궁은 일개 왕이 들어갈 자리가 아니라 대웅大雄이 머물 곳이기 때문에 다른 마음을 먹어서는 누구도 화를 면치 못한다는 얘기다.

살아 있는
부처

적멸보궁은 구도자들의 발길이 그치지 않았다. 27년 동안 동구불출 했던 오대산의 전설 한암漢岩(1876~1951) 스님은 상원사에 주석하며 날마다 적멸보궁을 찾았다. 한암 스님의 《금강경金剛經》 법문을 듣고 전율했다는 인홍 스님은 적멸보궁을 찾아가다 살아 있는 부처를 발견했다.

어느 해인가 몇몇 대중과 함께 인홍 스님이 적멸보궁으로 올라가는데 옆에서 부스럭거리는 소리가 들렸다. 돌아보니 한암 스님이었다. 가을 단풍이 들었을 때 오대산 나무 밑에선 황금빛이 나곤 한다. 한암 스님은 그 단풍 든 나무 아래서 정진하고 있었다. 인홍 스님 일대기 《길 찾아 길 떠나다》에서는 이렇게 표현하고 있다.

주장자를 한 손에 짚고
황금빛이 나는 숲속의 나무 밑에 앉아 있었던
선지식의 모습은 그대로 불보살의 모습이었다.

일타 스님은 1954년 여름, 적멸보궁에서 손가락을 태워 소신공양 燒身供養을 올렸다. 한밤중에 시작된 연비燃臂는 날이 밝아서야 끝이 났다. 일타 스님은 그러한 사정을 글로 남겼는데, 손가락 없으면 세속적인 모든 생각이 저절로 뚝 끊어질 것이고 손이 없으면 누가 사람 노릇 시키려고도 않을 것 같아서 오대산으로 들어갔다고 했다. 또 막상 연비를 하기 위해 오대산으로 들어가기는 했으나 성급하게 할 것도 아니고 하여, 여름 한철 석 달 동안 연비에 대한 생각도 점검할 겸 장좌불와長坐不臥를 하면서 열심히 정진했다고 한다. 그러던 어느 날 문득 대관령 꼭대기에 구름 한 점이 날아가는 것을 보고 자신처럼 느끼며 이런 글을 남겼다.

　이 몸뚱아리는 뜬구름과 같은 것이다.
　어디서 왔다가 어디로 가는 것인가.
　사람의 일생 또한 저 뜬구름과 같이
　어디선가 왔다가 어디론가 가버리는 것에 불과한 것.
　이러할 때 깊은 연緣을 심어 놓지 않으면
　그야말로 허생허사虛生虛死밖에 되지 않을 것이다.

적멸보궁을 지키는 중대 사자암 비로전에는
비로자나 부처님을 주불로 모시고
보현보살과 문수보살이 협시불로 모셔져 있다.

오대산과 같은 좋은 도량에 왔을 때

이 마음을 깊이 다지고 연을 심어야 하리.

그리고 오대산 적멸보궁에서 매일 삼천배씩 7일 기도를 드린 후, 오른손 네 손가락 열두 마디를 모두 연비하였다. 출세·명예·행복 등 사람 노릇하겠다는 미련을 손가락 열두 마디의 연비와 함께 깡그리 태워버리고, 일타 스님은 홀로 태백산 도솔암으로 들어갔다.

그들뿐이겠는가. 천 년 동안 고승들은 험한 산길을 올라 적멸보궁 앞에서 답을 달라며 기도했을 것이다. 삭발하고 불가에 들어 가장 비참한 것은 자신의 본래면목本來面目을 보지 못함이다. 불은佛恩을 입어 사람 몸을 받고 게다가 승복까지 걸치는 호사까지 했지만 견성見性을 하지 못한다면 대죄를 짓는 일이었다.

세월은 살처럼 빠른데 화두가 제자리 걸음만 하고 있으면 선객은 초조하고 불안하다. 안거 중에도 많은 선객들이 자신을 이기지 못하고 선방을 떠나야 했다. 지허 스님은 안거 중 용맹정진(일주일 동안 자지 않고 눕지도 않으면서 정진하는 것)의 어려움을 《선방일기》에 이렇게 남겨놓았다.

저녁이 되니 뼈마디가 저려오고 신경이 없는 머리카락과 발톱까지도 고통스럽단다. 수마睡魔는 전신의 땀구멍으로 쳐들어온다. 화두는 여우처럼 놀리면서 달아나려 한다. 입맛은 소태 같고 속은 쓰리다 못해 아프기까지 한다. 정신이 몽롱해진다. 큰 대大 자로 누우면 이 고통에서 해방된다. 그러나 그렇게 되면 만사휴의萬事休矣다.

부처님의
진신사리

상원사 선방의 선객들은 자주 적멸보궁으로 올라가 갈 길을 물었을 것이다. 부처님을 깨달음에 이르게 한 새벽 별빛을 자신에게도 내려주시라고 기도했을 것이다.

그런데 요즘 적멸보궁에 선승들의 발길이 부쩍 줄어들었다고 한다. 구도에 목마른 자는 눈매는 물론이요 걸음걸이조차 다르다고 한다. 그런데 보궁에 든 승려들도 일반 순례객과 별반 다르지 않다고 한다. 한마디로 간절함이 사라졌다는 얘기다. 해량 스님은 그것이 우리 불교의 진짜 위기 아니겠느냐고 반문했다.

보궁에는 부처님이 앉아 계심을 상징하는 붉은 방석만이 수미단須彌壇 위에 놓여 있다. 부처님 사리는 어느 곳에 모셔져 있는지 알 수 없다. 정골사리이기 때문에 땅 속 깊숙이 묻혀있을 거라 추정할 뿐이다. 적멸보궁 뒤쪽 봉분에는 오층탑을 양각으로 새겨 넣은 84센티미터 높이의 사리탑이 서 있다. 땅 속에 묻혀 있던 것을 한암 스님이 찾아내 세웠다고 한다. 모양이 초라해서 더 비범했다. 탑 뒤편 사리가 묻혀 있을 법한 곳에 작은 바위들이 편하게 놓여 있다. 거기에는 어떤 수식도 없다. 대체 자장율사는 어디에 사리를 모셨을까.

참배를 마치고 돌아서니 홀연 먼 풍경들이 달려들었다. 가슴이 열렸다. 사대四臺가 적멸보궁을 향해 읍揖을 하고 있다는 것이 거짓이 아니었다. '이런 풍경이, 이런 세계가 있었구나.'

멀리 산들이 춤을 추고 있다. 산 뒤에 산, 그 뒤에 또 산들이 노래하고 있다. 아득한 곳에서 산과 하늘이 만나고 있다. 실로 화엄華嚴의 중중무진重重無盡이었다. 그리고 그 산들이 이 작은 언덕을 향해 경배하고 있다. 어쩌면 자장율사는 저 화엄의 세계를 보라고 사리를 숨겼는지도 모른다. 오대산 전체가 사리이며 봉우리가 불탑인 것일 깨우치려 했는지도 모른다. 오대산 적멸보궁을 참배한 후에는 꼭 돌아서서 장엄한 산세를 살펴보기 바란다. 신성神性이 깃든 자연은 그대로 큰 가르침이다.

다시 중대 사자암으로 내려서자 절집이 문수보살의 사자처럼 듬직하다. 적멸보궁을 지키는 중대 사자암이 있고, 그 속에는 중대 사자암을 지키는 스님들이 있다. 감원 해량 스님은 사자암에 와서야 하심下心의 본뜻을 깨쳤다고 한다. 하심은 들어서 얻는 것이 아니라 체험에서 우러나오는 것임을 이제야 알겠다고 한다. 문수보살께서 눈을 다시 뜨게 했으니, 기도를 올리면 감사한 마음이 우러나와 마냥 행복하다고 한다.

"이곳에서 천일 넘게 기도하니 상相이 줄어들고, 지혜를 얻으니 이웃이 보였습니다. 그래서 이곳의 지혜와 평화를 나눠주려 자주 산을 내려갑니다."

해량 스님이 찾아가는 곳은 산 밑 마을 요양원과 독거 노인들이다. 철야 기도에서 우러난 발원을 대중들과 함께 실천하고 있다. 요즘은 쌀과 김치를 들고 찾아가 그들의 겨울나기를 돌보고 있다. 중대 사자암 식구들은 부처님의 가피를 싣고 산을 내려간다. 얻은 것을 나누는 일, 그것이 문수보살의 사자가 되는 길 아니겠는가.

깊은 침묵의 세계로 가는 길

채문기
법보신문 상임논설위원

여름에 만난
푸른 침묵

하루의 첫 햇살이 아직 드리워지지 않은 새벽녘. 8월의 녹음을 품고 길게 난 오대산 천년숲길에 첫 발을 내딛는다. 깊은 침묵! 전나무가 즐비한 천년숲길은 묘하다. 걸을수록 깊은 곳으로 침잠해 가는 듯하다. 분명 평지인데 말이다.

한 마리 다람쥐가 흔들어 놓은 풀잎 소리 청량하고, 바람 길 따라 지줄대는 짙푸른 나뭇잎은 싱그럽다. 휘돌아 친 저 붉은 길로 들어서면 또 다른 시공간이 펼쳐져 있을 것만 같다. 걷는다. 숲이 내어 준 신비의 길이니 주저할 것 없이 그냥 걷는다. 한 발, 두 발, 세 발. 침묵은 더 깊어만 간다.

한여름의 끝자락에 매달려 마지막 힘을 다해 노래하는 매미소리 따라가니 전나무 한 그루가 당당하게 서 있다.

오대산 북대서 수행하던 나옹 선사는 매일 월정사로 내려와 부처님 전에 공양을 올렸다. 어느 날 공양물을 들고 내려오는데 소나무 가지에 쌓였던 눈이 공양물 위로 떨어졌다. 나옹 선사가 호통쳤다.

"이 무슨 무례한 짓이냐! 너도 부처님 은혜로 이 산에서 살고 있지 않느냐?" 소나무의 참회가 있었던 것일까? 그 후로 오대산에서 소나무는 제 스스로 자취를 감췄다.

세어본 적은 없지만 언뜻 보아도 오대산에는 전나무보다 소나무가 더 많다. 참회기도 끝낸 소나무, 나옹 선사의 허락을 받아 다시 숲을 찾았던 게지.

나옹 선사가 북대의 16나한상을 상원사로 이운하려 했다. 나한상을 옮기기로 한 날, 스님이 나한당에 들어가 일갈했다. "내가 업어서 옮겨 주기를 기다리는가!" 그러자 나한들이 제 스스로 옮겨갔다. 그런데 상원사에 가 살펴보니 나한 한 분이 없었다. 길을 따라 가보니 나한상 하나가 칡넝쿨에 걸려 있지 않은가. 나옹은 그날 오대산에서 칡넝쿨을 쫓아냈는데 지금도 오대산에서 칡넝쿨은 보기 어렵다고 한다.

절집에서 전해지는 두 이야기의 사실 여부를 따져보기에 앞서 그 속에 담긴 뜻을 헤아려야 한다. 공양물에 함부로 눈을 떨어뜨리는 소나무에 호통치는 나옹으로부터 부처님 전에 올리는 공양물을 향한 정성을 읽을 수 있지 않는가? 칡넝쿨을 한자로는 갈등葛藤의 '갈

縛'이라고 한다. 이것은 우리 인생에서 얽히고설킨 번뇌를 말함이다. 나옹이 없앤 건 번뇌와 우리 자신을 아집으로 옭아매는 속박이었음이다.

긴 호흡! 안온함과 아득함이 교차하는 자리서 미묘한 환희심이 샘솟는다. 하루 종일 이 숲길에 서 있어도 좋겠다. 허나, 떠나야 한다. 그 아득한 옛날부터 선지식들이 걸었을 선재길이 기다리고 있지 않은가.

상원사와 중대 사자암의 적멸보궁으로 이어지는 20리 선재길. 신라의 자장율사가 중국 오대산에서 가져온 부처님 사리를 적멸보궁에 안치하려 조심스레 걸었던 길이다. 신라의 두 왕자 보천과 효명, 근현대의 한암, 그리고 그의 제자 탄허呑虛가 걸었던 그 길이다. 힘차게 내려오는 계곡물에 번뇌마저 씻겨가는 듯하다.

허공을 삼킨 선지식 탄허! 이미 유학에 밝았던 탄허는 오대산 입산 전 세납 스무 살 때 편지를 통해 한암과 도담道談을 나눈다.

> 도를 들어도 믿지 못하고, 도를 믿는다 해도 돈독하지 못합니다. 구슬을 갖고도 구슬을 잃어버리고, 나귀를 타고서도 나귀를 찾는 허물이 있

습니다. 또한 쇠鐵를 은銀으로 부르고, 벽돌을 갈아 거울로 만들려는 병폐마저 들었습니다.

장자의 도道라도 제대로 새겨 삶의 지표로 삼아보겠다는 의지가 엿보인다. 선가의 도에 기반한 한암의 답신은 명쾌하다.

> 도는 본래 천진하고 또한 일정한 방소方所가 없으니 실로 배울 만한 것이 없습니다. 만약 따로 생각을 두어 도를 배우고자 하면 오히려 도는 미迷하게 됩니다. 오로지 간절한 한 생각(一念)만 있을 뿐입니다. …도를 알고도 실천하지 않기 때문에 도가 사람으로부터 멀어지는 것입니다.

유학에 정통했던 젊은 청년의 마음을 단박에 사로잡을 만한 일언이다. 한암의 제자가 되기로 결심한 세납 스물두 살의 청년은 당당하게 이 길을 걸어 상원사로 향했을 게 분명하다.

선재길 초입, 한때 탄허 스님의 제자였던 박용열 시인의 시비가 서 있다. 시비 앞면엔 그의 대표작 〈노을〉이, 뒷면엔 〈오대산 가는 길〉이 새겨졌다. 〈오대산 가는 길〉에는 애틋함이 묻어 있다.

한국전쟁에서 치명적인 부상을 당해 한쪽 발을 제대로 쓸 수 없었던 박용열. 폐까지 좋지 않아 피까지 토했던 그는 월정사 앞마을에 움막 하나 짓고 생을 이어갔다. 겨울 날 채비 없이 저리 있다가는 한겨울도 견디지 못할 것을 마을 사람들은 알았다. 누군가 오대산을 찾으라 했다. 절집이라 해도 남루한 행색에 발까지 저는 사람을 반가워 할 리 없다. 그때 조실로 있던 탄허 스님이 한마디 이른다.

오는 사람 막지 말고, 가는 사람 잡지 말라!

탄허 스님의 제자가 된 박용열은 스님이 역경한 《화엄경華嚴經》, 《영가집永嘉集》, 《육조단경六祖壇經》 등을 책으로 만들며 시봉했다. '고무신 하나 못 사주는 처지에 무슨 도제교육이냐' 대들었던 사람, 너무도 배고파 부처님 전에 올린 공양물을 훔쳐 먹었던 박용열은 끝내 환속했다. 그러나 세속에서의 삶은 출가사문의 삶과 다르지 않았다.

의사의 길을 걸으며 의료봉사에 헌신했고, 신춘문예 등단 후 불교사상을 토대로 한 시로 세상 사람들의 심금을 울렸다. 그런 그가 탄허 스님 탄신 100주년을 맞아 시집 〈오대산 가는 길〉을 냈더랬다. 스승을 향한 사모곡이요, 출가사문의 제자 노릇을 끝까지 못했던 참회의 노래였다. 탄허 스님, 고령의 제자를 보고 있다면 흐뭇해 할 것이다. 자기 자리를 찾았으니 말이다. 박용열의 시 〈오대산 가는 길〉 중에서 한 대목을 옮긴다.

찬바람 불고 서리 오기 전에
어디로 갈까
걸망 메고 망설이다가

가부좌 틀어 눈 감으니
바로
이 자리가 그 자리인 것을
내 어찌하여 그렇게도 몰랐을까

세간의 아픔 짊어지고 이 길을 걸었던 사람 어디 박용열 시인뿐이랴. 지혜 얻고자 오체투지 심정으로 이 길을 걸었던 스님이 탄허뿐이었으랴. 선재의 향훈을 따라 이 길 걷는 사람 모두 그만한 애환과 구도열 있지 않겠나.

저만치 앞서 있는 선재동자가 이른다. '잡스런 생각일랑 굽이쳐 내려오는 물줄기에 떨쳐버려라!' 그렇다. 나옹 선사처럼 '탐욕도 벗어놓고 성냄도 벗어놓고 물같이 바람같이 살다' 가야 하지 않겠나! 선재길 끝에서 나그네를 맞는 상원사. 여기서 잠시 쉬었다 적멸보궁으로 걸음 하면 금상첨화다.

겨울에 만난
하얀 침묵

겨울에 다시 오대산을 찾았다. 강원도 일대에는 하룻밤 사이에 소나기 눈이 20센티미터나 쌓였다는 소식에 오대산으로 걸음 했는데 헛되지 않았다. 상원사 영산전 석탑 앞으로 펼쳐진 오대설산은 그야말로 절경이다.

폭설暴雪은 세상의 소리를 단박에 덮어버리고 '침묵'을 그려낸다. 그 침묵의 끝자락서 전해오는 팽팽한 긴장감! 평온과 적막이 빚어낸 이 긴장감은 불현듯 마주한 죽음에서 시작됐는지 모른다. 살짝 밀려온 공포감을 떨쳐내기보다, 죽음의 가온으로 한 발 더 들어가 직면하는 게 낫겠다 싶어 사자암으로 걸음을 재촉했다.

바람살에 눈가루 흩날리니 상원사 오르는 길이 신비롭고, 초겨울 갓밝이 속에 나툰 사자암이 시린 듯 따뜻하다. 상원사서 사자암으로 가는 길가의 나무들은 참회기도라도 올리는 듯 앙상한 가지로 하늘을 받치고 있다. 품었던 열매를 떨어뜨리고, 치장했던 잎도 바람에 맡겨 땅으로 내려앉게 했던 그 나무들이다. 숲은 그렇게 제 스스로 비워갔다. 그러고는 세밑 밤 내내 하늘에서 쏟아지는 눈을 한 점도 마다않고 온몸으로 품고는 이내 설산으로 변해갔을 터다.

신라의 보천과 효명 형제도 이곳 어디선가 푸른 연꽃을 보았을 것이다. 두 형제는 《삼국유사》에 등장하는 인물 중 가장 멋진 사내들이다. 신라 신문왕의 아들 보천태자는 아우 효명과 더불어 저마다 일천 명을 거느리고 성오평省烏坪에 이르러 여러 날 놀다가 태화太和 원년에 형제가 함께 오대산으로 들어갔다. 출가 의지를 오래전부

터 다졌을 법도 한데, 그런 이야기는 없고 저마다 1,000명과 놀다가 아무도 모르게 오대산으로 입산출가 했단다! 유쾌한 반전이다.

보천은 오대산 중대 남쪽 밑 진여원 터 아래 푸른 연꽃이 핀 것을 보고 그곳에 암자를 지었고, 아우 효명은 북대 남쪽 산 끝에 푸른 연꽃이 핀 것을 보고 그곳에 암자를 지었다. 형제는 함께 염불하며 정진했고, 오대에 나아가 예배하기를 게을리하지 않았다. 어느 날, 장군 네 명이 찾아와 형제에게 왕위계승을 청했다. 보천은 울면서 사양했고, 아우 효명은 수락해 왕위에 올랐다. 그가 바로 성덕왕이다.

보천을 보라. 왕의 자리조차 울면서 사양하지 않는가? 구도를 향한 절실함이 묻어나 있는 범상치 않은 반전이다. 자장으로 태동한 문수성지 오대산은 보천으로 인해 동서남북, 그리고 중대에 각각 1만 보살이 머무는 '5만 보살 상주 성지'로 확대됐다. 연꽃처럼 펼쳐진 다섯 개의 봉우리 안에 석가모니를 비롯한 5백 아라한과 문수, 관음, 지장, 대세지 등의 5류 성중 5만 진신이 법을 펴고 있는 셈이다.

성덕왕 즉 효명이 창건한 진여원眞如院이 지금의 상원사다. 한국전쟁 중 월정사는 불탔어도 상원사만은 건재했다. '한암'이라는 고매한 학鶴이 큰 둥지를 틀고 있었기에 가능했다.

서울 봉은사에서 법을 폈던 한암 스님은 일제의 감시로 포교와 수행이 어렵게 되자 1927년 오대산으로 들어온다. 그때 세상에 남긴 한마디는 지금도 회자되고 있다.

차라리 천고에 자취를 감추는 학이 될지언정
삼춘三春에 말 잘하는 앵무새가 되지 않겠다!

일제의 압제 속에서 허수아비 노릇하며 살지 않겠다는 수좌의 천명이다. 이후 1951년 입적 전까지 27년 동안 산문을 나서지 않았다. 제2차 세계대전이 막바지로 치달을 무렵 일본 이께다 경무국장이 오대산 한암 스님을 찾아와 물었다.

"이번 전쟁, 어느 나라가 이길까요?"

연합군의 승리를 장담하면 당장 목이 떨어질 수 있고, 일본군의 승리를 장담하면 '앵무새'가 되고 만다. 원 안에 있어도 죽고, 원 밖에 나와도 죽는 상황에서 어찌할 것인가? 목을 내놓을 것인가, 앵무

새가 될 것인가?

"이번 전쟁은 덕 있는 나라가 이긴다!"

일본은 패망했다. 1950년 한국전쟁 당시 상원사가 인민군 은신처로 쓰일 수 있다는 우려감에 국군은 상원사 소각 명령을 내렸다. 국군 장교가 절에 남아 있던 한암 스님에게 이 사실을 알리니 스님은 "잠시 기다리라" 하고는 가사장삼을 수한 후 법당에 앉았다. 그리고는 한마디 이른다.

불을 질러라! 나는 불법을 위해 죽을 것이다. 중이 죽으면 어차피 화장해야 하는 법. 절을 지키는 것은 중의 본분이다. 나는 마지막까지 중의 위치를 지키다 죽을 것이다.

장교는 법당 문 한쪽만 태우고 물러갔다.

오대산 중대 사자암은 한여름에는 적멸보궁을 향해 땀 뻘뻘 흘리며 오르는 사람들에게 시원한 물 한 모금 전하는 샘터이고, 한겨울에는 산을 오르는 나그네들의 언 발을 잠시라도 녹여주는 사랑채다. 그리고 사자암은 '문 없는 문'을 열고 닫는 현묘玄妙한 암자다. 사자암 아랫길은 상원사로 향하고, 윗길은 자장율사가 부처님 사리를 안치한 보궁으로 이어진다. 삶과 죽음의 경계, 세간과 출세간의 길목에 사자암은 자리하고 있다. 사자암을 지나 윗길에 접어든 순간, 적멸의 세계로 한 발 내딛은 것이다.

사자암에서 20분 걷다보면 적멸보궁에 다다른다. 비로봉 가는 산길에서 갈라진 에움길 끝에 보궁이 있다. 백팔배라도 올린 후 마음 가다듬고 합장한 채 전각 뒤로 돌아가 하얀 눈밭에 홀로 서 있는 사리탑을 보라! 한 티끌의 번뇌마저도 완벽하게 털어버린 자리다. 생멸이 사라진 무위적정의 세계, 적멸寂滅이다.

마지막 호흡 거두기 직전 세간에 남긴 선사들의 시 한 수는 적멸의 찬탄이다. 사명유정四溟惟政(1544~1610)은 이렇게 노래했다.

이제 진여의 세계로 돌아가리

어찌 수고롭게 오가며

허깨비 몸을 괴롭히리요

나 이제 열반의 세계로 돌아가

대화大化에 순응하리라

갓밝이 속 사자암이 신비롭게 다가오는 새벽녘, 누군가 영하 24도의 새벽 공기를 가르며 사자암을 지나 보궁으로 향한다. 앵글에 담고 싶었지만 셔터에서 손을 뗐다. 적멸을 담으려는 그의 마음, 함부로 어지럽히면 안 될 것 같아서다. 오대산에 아침 햇살이 들어차기 시작했다. 사리탑 서 있는 눈밭이 다시 한 번 하얗게 드러났다. 바람 지나간 흔적만 남아 있는 저 위에, 황지우의 〈설경雪景〉을 써 본다.

> 날 새고 눈 그쳐 있다
> 뒤에 두고 온 세상,
> 온갖 괴로움 마치고
> 한 장의 수의에 덮여 있다
> 때로 죽음이 정화라는 걸
> 늙음도 하나의 가치라는 걸
> 일러주는 눈밭
> 살아서 나는 긴 그림자를
> 그 우에 짐 부린다

천고의 학 한암 스님은 이 한 마디를 남기고 좌탈입망했다.

"오늘이 음력으로 2월 14일이지."

오백의 문수보살과
오백의 문수동자는
천 년의 세월 동안
오대산을 지키고 있다.

부처님 오신날
오대산 적멸보궁에도
아기 부처님이 모습을 나투었다.

제가 차라리 하루 동안

계율을 지키다가 죽을지언정,

계율을 어기고

100년을 살 수는 없습니다.

吳寧一日持戒死

不願百年破戒而生

_02

解

역사를
알다

적멸의 세계, 중대 사자암의 어제와 오늘

채문기
법보신문 상임논설위원

오대산의
불연

부처님 법 깃든 땅은 성지聖地다. 범종 소리 울려 퍼지는 산사, 백팔배 올리는 한 평 법당, 경전 문구 묻어두고 세워 놓은 세 치의 스투파(탑)가 서 있는 땅 모두 성지며, 법담 나누는 그 자리도 성지다. 그러나 처음부터 성지는 아니었다. 법음法音 흐르지 않던 척박한 그 땅에 누군가 불연佛緣 풀어 놓고 가꾸었기에 성지로 변모했다. 누군가는 불보살상을, 누군가는 경전을, 또 누군가는 사리를 봉안하며 세상 사람들을 부처님이 깨달음을 얻은 곳, '보드가야'로 초대했다.

깊고 아늑한 산자락에 펼쳐진 울창한 산림 사이에 자리한 월정사는 오늘도 달빛을 머금고 무상법문無常法門을 설하고 있다. 월정사서 옛 스님들이 걸었던 오솔길을 따라 걷다 보면 문수보살이 보주寶珠, 보탑寶塔, 금강저金剛杵, 청련靑漣, 금오金烏 등의 모습으로 화현해 나툰다는 상원사가 있다. 그 길 끝에 부처님 진신사리가 안치된 적멸보궁이 있다.

상원사와 적멸보궁을 잇는 중대 사자암은 그 언제인가부터 현묘

玄妙의 문을 여닫고 있었다. 누군가에게 그 문은 생사生死를 가르는 문이고, 누군가에게 그 문은 유여열반有餘涅槃에서 무여열반無餘涅槃으로 통하는 관문이다.

그 누가 처음 오대산에 불연을 풀어놓았는가! 그 누가 있어 불연 가꾸어 '성지 중의 성지'로 변모케 했나! 그 중심에 신라 대국통 자장율사와 신라 제33대 성덕왕과 그의 형 보천 태자가 있다.

선종랑의 수행과 득도

신라의 진골眞骨 소판蘇判으로 고위 관리였던 무림공茂林公은 혼인을 하고도 자식이 없자 관세음보살에게 기도한다. "아들을 낳는다면 법해法海의 진량津梁으로 만들겠습니다." 부인은 이내 별이 떨어져 품속으로 들어오는 태몽을 꾸었고 몇 달 뒤 아들을 낳으니 석가세존 탄생일과 같은 사월 초파일이었다. 그런데, 무림은 왜 아들을 낳으면 불교 홍포弘布의 동냥으로 삼겠다고 약속한 것일까?

신라불교가 공인된 건 법흥왕 14년인 527년이다. 삼국 중 불교를 가장 늦게 받아들였지만 융성 속도만큼은 고구려와 백제에 뒤지지 않았다. 불교 공인 직후부터 서라벌 땅에는 대왕흥륜사大王興輪寺, 영흥사永興寺, 기원사祇園寺 등의 대작불사가 이어졌고 고승 초청 법회인 백고좌법회百高座法會와 팔관연회八關筵會도 열리기 시작했다. 법흥왕에 이어 진흥왕도 만년에 출가했는데 왕후도 그 뒤를 따랐다. 당시 신분계층의 최고위에 있던 성골계에 불교 문화가 빠르게 스며들고 있었음을 시사하는 대목이다.

  진골계에 속한 무림 역시 불교에 심취하고 있었을 터. 불보살 가피로 소원이 성취됐다면 언젠가는 반드시 그 가피에 상응하는 보살행으로 회향해야 한다는 정도는 인지하고 있었을 무림이기에 관세음보살에게 '득남'을 청하면서 그 아들을 기꺼이 불교 진흥의 디딤돌로 삼겠다고 약속한 것이리라.

  관세음보살의 가피로 태어난 아이는 세속의 욕정에 물들지 않을 만큼 맑은 마음과 지혜를 겸비하고 있어 어려서부터 '선종랑善宗郞'이라 불렸다. 8세 안팎의 아동들에게 유학을 가르치기 위하여 만든 수신서修身書인 《소학小學》을 넘어서부터 세상의 이치와 역사 서

적도 섭렵했다. 사냥이 취미던 선종랑은 어느 날 꿩 한 마리를 잡았다. 사냥에 성공했음에도 웃을 수가 없었다. 꿩이 눈물을 흘리고 있었기 때문이다. 꿩을 향한 가여움이 저 깊은 심연서 솟았다. 천성적 선심善心의 발로에서 우러나온 자비심이었겠지만 신라 땅에 흐르고 있던 생명의 존귀함이 무의식 중에 배었던 것도 영향을 미쳤을 것이다.

신라에 율령을 반포하고 출가를 용인한 인물은 법흥왕이다. 왕위서 물러난 후 출가할 정도로 신심 깊었던 법흥왕은 오계五戒에 담긴 정신을 만백성들에게 전하고 싶어 529년에 동물 살생을 금지시켰다. 전 국민의 채식화를 법으로 정한 것인데 삼국 중 가장 먼저 이 제도를 택했다.

백제의 법왕法王은 즉위 즉시 그해 겨울 살생을 금하는 조칙을 내렸다(599년). 백제 불교 영향을 받은 일본 텐무왕(天武王)은 육식금지법을 정했고(675년), 텐쇼왕(天표王)은 아예 살생금지법을 제정했다(721년). 고려 또한 몽골의 침입 전까지 삼국의 영향을 받아 육식을 자제했다.

선종랑이 태어난 당시의 살생금지는 신라와 백제를 관통하는 문화코드였던 셈이다. 미물의 생명도 우주 속 한 생명임을 직감으로 알아챈 건 '꿩 사냥'을 했던 그때일 것이다. 양친을 여의며 생사에 대한 나름의 갈무리가 있었는지, 그는 속세의 어지러움을 피해 처자를 놔두고 홀로 험준한 곳에 들어가 고골관枯骨觀에 매진했다.

고골관! 육신이란 색수상행식色受想行識 다섯 요소의 화합에 지나지 않는 것. 송장의 피부와 근육이 다 없어지고, 백골만 붙어 있는 모습을 관찰해가며 육신과 물질에 대한 집착을 끊어버리는 수행법이다. 이러한 선종랑의 수행에 대해《삼국유사》에는 이렇게 전한다.

홀로 깊고 험준한 곳에 머물며 이리와 호랑이를 피하지 않고 고골관을 닦았다. 조금 게을러지고 피곤해지면 곧 작은 집을 지어 주변을 가시덤불로 막고 알몸으로 그 안에 앉아서 움직이면 쉽게 찔리게 하고, 머리는 대들보에 매달아 혼미함을 없앴다.
獨處幽險 不避狼虎 修枯骨觀 微或倦弊 乃作小室 周障荊棘 裸坐其中 動輒箴刺 頭懸在梁 以祛昏暝

그의 명성 익히 들은 선덕여왕은 그에게 정계 진출을 권하며 재상 자리까지 약속했다. 자장은 일언지하에 거절했다. "나오지 않으면 목을 베어 버리겠다"는 왕명으로 엄포까지 놓았지만 선종랑은 이에 맞섰다.

> 차라리 하루 동안 계율을 지키다가 죽을지언정,
> 계율을 어기고 100년을 살 수는 없습니다.
> 吳寧一日持戒死 不願百年破戒而生

'사람이 백세를 살아도 계를 지니지 않으면 하루를 살아도 계를 지니고 선정을 닦는 것만 못하다'는 《법구경法句經》 속 부처님 말씀을 그대로 실천하고 있던 선종랑이다. 그의 고고함에 선덕여왕도 출가를 허락하며 한 발 물러섰다.

선덕여왕의 출가 허락이 떨어지자 자장은 더 깊은 산으로 들어가 홀로 앉아 정진했다. 과학문명이 발달한 현대사회서도 높은 산 깊은 숲에 머물며 정진하는 데 가장 큰 걸림돌은 양식이다. 그러나 일념으로 정진하고 있는 선종랑에게는 먹을 것 구하는 일조차 거추장스런 일이었을 터다. 신라의 사표가 될 인재를 하늘은 알아봤던 것일까? 상서로운 빛과 모양을 한 새가 과일을 물어와 바쳤다. 도리천忉利天 천인이 내려와 '오계로 중생을 이롭게 하라'며 오계를 주었다. 이는 '선종랑'에서 '율사 자장'으로 변모했음을 상징하는 것이다.

천계의 수계와 함께 심지가 열린 자장율사는 하산했다. 깨달음에 이른 수행자의 풍모는 남달랐을 터. 속세로 나오니 마을의 고관대작 자녀들이 앞다투어 계를 받으러 구름처럼 몰려왔다. 자장율사의 법력法力이 어느 정도였는지 짐작해볼 수 있겠다.

자장율사, 구법입당

신라 땅 모든 사람들의 칭송을 한 몸에 받은 자장이었음에도 스스로 변방에 태어난 것을 한탄하며 중국 땅에 들어가 새로운 법을 얻고 싶어 했다. 당시 시대상황과 무관하지 않다. 자장 출생 전후로 더 심오한 불법을 배우고자 했던 구법승求法僧들이 중국과 인도로 유학을 떠나고 있었다.

중대 사자암 목조 비로자나불 좌상은
1894년에 만들어진
강원도 유형문화재 제157호.

신라 승려 각덕覺德은 540년에 중국 양梁 나라로 유학을 떠났다가 549년 사리를 안고 귀국했다. 각덕 스님이 양 나라로 유학을 떠나기 전 도반들에게 한 일언은 자장에게도 전해졌을 듯싶다.

도道를 배우는 사람으로서 스승을 구하지 않고 편안히 지낸다면 불자로서의 보은報恩에 어긋나는 일이오!

신라 땅에 전파되기 시작한 《섭대승론攝大乘論》도 자장의 중국 유학 결정에 상당한 영향을 미쳤을 것이다. 아뢰야식阿賴耶識, 육바라밀六波羅蜜, 반야般若, 삼매三昧, 십지十地 등의 열 가지 주제를 통해 대승불교의 핵심을 정리한 문헌인데 이를 바탕으로 중국에서는 섭론종攝論宗이 태동했을 정도다.

중국 오대산을 중심으로 퍼지고 있던 초기 화엄에도 남다른 관심을 품고 있었을 것으로 사료된다. 백골관을 닦고 있을 때만 해도 이미 화엄의 기운은 신라 땅에도 드리워지고 있었기 때문이다.

울산 문수산 옆 영축산 혁목암赫木庵에 주석하며 구름 타고 중국 청량산(오대산)과 영축산을 오가며 공부했다는 낭지朗智 스님을 《삼국유사》 속 전설로만 인식하는 건 위험한 발상이다. 의상義湘 (625~702) 대사의 10대 제자 중 한 명인 지통智通이 직접 만났다는 기록이 있고, 원효元曉(617~686) 또한 그의 명성에 감복해 직접 찾아가 법을 구했는데 당시 낭지는 원효에게 '초장관문草場觀門과 안신사심론安身事心論을 지어보라' 권하기도 했다. 낭지가 주석했다는 혁목암과 원효가 머물렀다는 반고사磻高寺는 모두 영축사터가 발견된 울산 울주 청량면에 속해 있다.

낭지가 중국 오대산과 울주 영축산을 오가며 공부한 당시의 일화를 《삼국유사》 '낭지승운朗智乘雲 보현수普賢樹' 편에 전한다. 그 가운데 이런 문장이 있다.

> 청량산 대중들은 낭지를 이웃에 사는 승려로 여겼으나
> 그가 어디 사는지는 아무도 몰랐다.
> 彼中僧謂是隣居者然罔知攸止

이 기록에 착안하면 낭지는 지금의 오대산 아랫마을인 대회진臺懷鎭에서 《법화경》이나 《화엄경》을 공부했던 듯싶다.

선덕여왕 재위 당시 자장은 문인인 승실僧實 등 10여 명과 함께 당나라에 들어가 오대산을 찾았다. 육로와 해로 중 어느 길을 택했을까? 고구려, 백제, 신라 삼국의 용쟁호투가 빈번하던 삼국시대에 고구려를 경유해야만 하는 육로를 택하기는 어려웠을 것이다. 해로를 통한 입당入唐을 뒷받침하는 기록이 《오대산사적기五臺山事跡記》에 있다.

서쪽 대양에 떠서 목숨을 위태로운 목선에 의탁했다.
마음은 보주만을 생각하며 당에 들어갔다.
西浮大洋命寄刳木 心懸寶洲入於六唐

자장이 입당 직후 오대산으로 향했을 것이라는 설이 있지만 사신들과 함께한 동행이었던 만큼 장안으로 들어가 당태종부터 만났을 것이다. 2014년 가을 발견된 《오대산사적기》의 이본異本 《개창조사전기開創祖師傳記》에도 귀국(643년) 직전인 642년에 오대산으로 들어가 명산을 유람하며 선지식을 참배했다는 기록이 있다.

화엄을
터득하다

자장은 왜 오대를 올랐을까? 입당 직후의 자장 행적과 오대산 정황을 두루 살펴야 추론이 가능하다.

중국 청량산에 부처님 서광이 깃들기 시작하는 건 지금의 오대산 인근 대동大東에 수도를 정한 북위北魏시대부터다. 북위 효문제孝文帝 때 영축사, 청량사, 불광사 등의 오대산 대표 사찰들이 본격적으로 건립되고, 황제 천보天保의 셋째 아들이 문수를 친견하기 위해 소신공양한 역사적 사실이 왕자소신탑에 기록되어 있다. 이때 왕자와 함께 동행했던 유겸지劉謙之가 문수보살을 친견한 뒤,《화엄경》의 깊은 뜻을 깨달아《화엄론華嚴論》600권을 찬술했다는 기록이 남아있다. 이러한 사실들은 중국 화북지역에 불교건축과 함께 화엄학이 상당히 융성하고 있었음을 시사한다.

자장이 종남산終南山 운제사雲際寺 동쪽 초암에서 지냈다는 기록에 무게를 두면 그 주변에 주석했던 화엄종華嚴宗의 두순杜順(557~640)과 지엄智儼(602~668) 등의 승려들과 깊은 교류가 있었을 것으로 추정된다. 그렇다면 자장은 분명 그들로부터 화엄을 전수 받았을 것이다. 또한 이때 문수보살이 나타난다는 청량산이 산서성山西城에 있다는 사실도 확연하게 알았을 것이다. 수행과 교학에 정통한 자장이 화엄경 속 문수보살이 상주하는 산을 지나칠 리 없다.

정관 16년(642)에 이르러 오대산 동대에 이른 자장은 문수보살을 친견하겠다는 일념으로 30일을 일어나지 않고 기도했다. 꿈에 한 스님이 나타나 전했다. "불법을 깨닫고자 한다면 마땅히 북대에서 문수를 면견面見토록 하라!" 북대에 닿은 자장은 문수상 앞에 풀을 깔아 자리를 만들고 앉았다. 10일 정진 끝에 문수보살을 만나 심안을 열어주는 게송을 얻었다.

자성이 정해진 바 없음을 알면 노사나불을 본다

이 게송은 《80화엄경》 권16 〈수미정상게찬품須彌頂上偈讚品〉 제40에 수록되어 있다. 화엄의 기운이 퍼지기 시작한 때라 해도 자장이 오대산에 올랐을 당시엔 《80화엄경》은 전래되지 않았다. 《60화엄경》이 있었을 뿐이다. 원래 자장이 받은 게송은 《60화엄경》 권7 〈보살

운집묘승전상설게품菩薩雲集妙勝殿上設偈品〉 제10에 나오는데《80화엄경》을 접한 후학들이 고쳐 놓았을 것이라고 보는 견해도 있다. 그 게송은 이러하다.

> 일체 법이 자성이 있는 바가 없음을 알아야 한다
> 이와 같이 법의 본성을 알면 바로 노사나불을 보리라
> 了知一切法 自性無所有 如是解法性 則見盧舍那

일연이 전한 이야기를 종합하면 오대산서 기도해 문수보살을 친견하고는 사구게와 함께 부처님 사리를 받았다는 것이다. 한 가지 더 있다면 본국으로 돌아가거든 중국의 오대산과 유사한 산이 강릉에도 있으니 찾아가보라는 당부다. 자장은 하산했다.

그즈음 신라의 선덕여왕은 고구려와 백제의 잇따른 침입으로 궁지에 몰리고 있었고 결국 경상남도 합천 지방의 신라 요충지 대야성大耶城마저 백제에 함락 당했다. 고구려에 원병을 청할 정도였다 하니 왕은 물론 백성들도 나라의 흥망존폐를 걱정할 정도의 크나큰 위기의식을 느끼고 있었던 듯싶다.

중대 사자암에서 적멸보궁으로 오르는 1,080계단은
부처님을 만나는 수행의 여정이며,
깨달음의 전부다.

선덕여왕은 중국에 '자장율사를 보내 달라'는 급전을 띄웠다. 자장을 통한 신라와 당나라 간의 새로운 정치적 연대를 도모해 신라의 안정을 꾀하려 했을 것이다. 당태종은 귀국하는 자장율사에게 대장경 1부와 불보살상을 선물했다. 그러고 보면 대장경을 이 땅에 최초로 들여온 인물은 바로 자장이다.

신라인들의 불교 귀의

자장이 귀국하자 온 신라인들은 환영하며 불교에 귀의하기 시작한다. 그가 존재하는 것만으로도 국민의 응집력이 극대화되고 있다는 사실을 직감한 선덕여왕은 자장을 대국통大國統에 임명하고는 원찰 분황사芬皇寺를 내주었다.

궁중에 초청된 자장율사는 《섭대승론》을 강의했고, 황룡사皇龍寺에서는 보살계본菩薩戒本을 설했다. 특별 강설이 설해지는 7일 7야 동안 하늘이 감로를 내리고 구름과 안개가 자욱해 강당을 덮었다.

회향 날엔 자장율사에게 계를 받으려는 사람이 구름처럼 몰려왔다.

《삼국유사》는 자장이 귀국 직후 대중들에게 전했던 강의가 《화엄경》이라고 전한다. 《화엄경》에 담긴 게송 만 개를 강연했다고 하는데 그 정도라면 《화엄경》에 대한 식견이 남달랐음을 의미한다. 이는 자장이 중국 유학 당시 선지식 참배 등을 통해 《화엄경》을 집중적으로 공부했다는 사실을 방증하는 것이라 볼 수 있다.

왕과 민중으로부터 절대적 지지를 받은 자장은 신라 땅에 지계의 토대를 닦기 시작했다. 그 시작은 궁궐로부터 시작됐다. 신라에 불법이 전한 지 백년이 되었으나 아직 정착하기에는 수행과 부처님을 받드는 힘이 부족하다고 판단한 대신들은 출가자의 일체법규를 승통에게 모두 위임하여 주관하게 했다.

자장은 과감히 나가서 불교를 널리 퍼뜨렸다. 보름마다 계戒를 설법했고, 겨울과 봄에 모두 시험하게 하여 지계持戒와 범계犯戒를 알게 했다. 또 관원을 두어 이를 유지하게 하였고 순사巡使를 보내 지방의 사찰을 돌며 검사하여 승려들의 잘못을 경계하고 독려했다. 그리고 경전과 불상을 잘 관리하는 것을 일정한 규범으로 삼았다. 한 시대의 불법을 보호함이 이때가 가장 융성했다. 이 시기에는 백성들이 계를 받고 부처를 받드는 것이 열 집에 여덟아홉이었고, 머리를 깎고 출가하기를 청하는 것이 시간이 지날수록 늘어났다. 이에 통도사通度寺를 창건하여 계단戒壇을 짓고서 사방에서 오는 사람들을 출가시켰다. 자장의 힘을 느낄 수 있는 대목이다.

문수의 숨결을
불어 넣다

자장이 중국 오대산서 받아 온 사리를 갈무리해 보아야 한다. 《삼국유사》는 다음과 같이 전한다.

> 자장율사가 갖고 온 부처의 두골, 부처의 어금니, 부처의 사리 백립百粒을 셋으로 나눠 하나는 황룡사탑에 두고 하나는 태화탑太和塔에 두고 또 하나는 가사와 함께 통도사 계단에 정골頂骨사리를 안치했다. 그 나머지는 소재가 확실치 않다.

그렇다면 황룡사탑, 태화탑, 통도사 금강계단 외에 부처님 사리는 봉안되지 않았던 것일까? 아니다! 오대산에 사리를 안치했다는 기록은《오대산사적기》가 상세히 전하고 있다.

우선 자장이 오대산을 처음 찾은 건 언제인지부터 짚어보자.《삼국유사》기록대로라면 자장은 오대산을 두 번 찾는다. '당나라 유학서 귀국한 즉시 오대산을 찾았으나 문수보살을 친견하지 못하고 서라벌로 돌아갔다'는 기록이 있고, 그 다음 기록이 사리를 안치할 때다.

사신과 함께 중국 유학길에 오른 자장이 당태종을 만나기도 전에 오대산을 찾았다고 보기 어려웠듯이, 선덕여왕의 부름에 급히 귀국한 자장이 오대산부터 먼저 참배했을 가능성은 낮다. 성골계 지지를 얻었던 자장이 '비담의 난' 이후 진골계의 태종무열왕 즉위 즈음부터 그 힘을 서서히 잃어가면서 만년에 오대산을 찾았을 것으로 보는 게 합리적이다.

《오대산사적기》에 따르면 지금의 강릉 지역인 명주의 오대산으로 가서 상원사와 중대가 앉아 있는 비로봉에 올라 불뇌佛腦와 정골頂骨을 봉안하고 가라허伽羅墟에 비를 세웠다. 그로 인하여 월정사를 창건하고, 13층탑을 세워 사리 37매를 탑심塔心에 봉안했다. '13층탑' 이란 현재의 월정사 팔각구층석탑을 말하는데 탑의 기단부를 오산 한 것이다.

오대산 적멸보궁의 특징은 황룡사와 통도사와 달리 탑 안에 사리를 안치한 게 아니라 땅 속 어딘가를 뚫어 봉안했다는 점이다. 학자들 말을 빌리면 '지궁地宮'에 안치한 것이다. 자연과 하나된 보궁을 통해 우주만물과 인간이 둘이 아니라는 메시지를 담고 싶었던 것일까?

정골사리는 '부처님 머리서 나온 뼈'를 말하는 것으로 정수리 부분의 사리다. 그렇다면 불뇌사리란 무엇일까? 정수리가 아닌 머리의 다른 부위서 나오는 사리를 말하거나 혹은 뇌 자체가 화장되는 가운데 정골과는 다른 형태나 색으로 나오는 사리일수도 있겠다. 여기서 유념해 두어야 할 건 황룡사에는 불뇌사리가, 통도사에는 정골사리가 봉안됐었다는 사실이다. 중대 사자암은 두 사찰의 진신사리를 모두 품고 있는 셈이다. 더욱이 그 사리는 오대산 용맥에서 용의 정수리에 해당하는 명당에 봉안되어 있다. 자장의 혜안과 정성이 엿보이는 대목이다.

적멸보궁에 진신사리를 봉안한 후 그 인연으로 월정사를 창건했다는 기록은 오대산의 중심이 단연 중대 사자암이었음을 시사한다. 따라서 절집서 회자되는 '고산제일월정사高山第一月精寺 야산제일통도사野山第一通度寺'의 '고산제일 월정사'는 원래 중대를 지칭하는 것이라 할 수 있다.

문수성지
오대산

자장율사는 강릉 오대산서 문수보살을 친견했을까? 친견하지 못했다. 오대산 다음 행선지였던 태백산서도 만나지 못한 자장율사는 문수보살을 친견하겠다며 스스로 삼매에 들었다. 중국 오대산서 문수보살을 친견했던 자장율사의 삶에 비춰보면 다소 왜소하면서도 쓸쓸한 결말이다.

학계는 신라의 정계 개편 과정에서 몰락한 자장이 오대산 문수를 친견하려다가 실패하는 모습을 상징한 것으로 평가하기도 하고,

강원도 지역의 토착 세력을 신라 세력으로 융화 포섭하려는 자장의 노력이 실패하고 있음을 보여주는 기록이라고도 한다. 자장이 오대산에 사리를 안치하며 문수신앙을 정착시켜 토착민들을 기반으로 재기하려 했지만 영향력은 적어 사실상 실패했다는 것이다. 설득력 있다.

그러나 오대산서의 문수보살 친견 여부로만 자장을 평가하는 건 무리다. 오대산에 처음으로 진신사리를 안치하며 화엄을 바탕으로 한 문수성지로 변모시켰다는 사실이 더 중요하기 때문이다.

백골관 수행에 이어 중국 유학을 통해 교학까지 섭렵한 자장 율사는 신라의 대국통이 되었다. 신라 인구 80%가 불교에 귀의하며 출가마저 단행했으니 자장율사의 법력은 실로 대단한 것이었다.

자장율사의 최대 역작 중 하나는 중국 종남산 원향圓香 선사의 조언으로 건축된 황룡사 9층목탑이다. 자장율사의 불교중흥 원력과 선덕여왕의 국력결집 소망이 일궈 낸 걸작이었고, 신라의 안정과 통일을 바라던 신라인들의 꿈의 상징이기도 했다. 통일신라는 자장율사가 있었기에 삼국통일도 가능했다는 평가를 '황룡사9층목탑 찰주본기'를 통해 내렸다.

또한 자장율사는 이 땅에 계율을 정착시킨 인물임과 동시에 오대산 개창조다. 문수성지 오대산이 태동된 후 금강산도 법기보살法起菩薩이 상주하는 성지로 탈바꿈했는데 이는 오대산 문수성지 영향이다. 자장율사에 대한 면밀한 학술적 고찰이 선행될수록 오대산 성지는 더 빛을 발할 것이다.

화엄 오대산 토대를 다지다

신라 31대 신문왕神文王의 아들 보천과 효명 두 형제가 오대산을 찾았는데 그 일화가 걸작이다. 어느 날 보천과 효명 두 형제는 속세를 떠나 불문에 들어갈 것을 약속하고는 아무도 모르게 오대산으로 들어가 숨었다. 그들을 보호하던 자들은 어디 있는지 찾지 못하고 경주로 돌아갔다.

오대산은 두 태자의 입산을 허락했다. 보천과 효명이 산속으로 들어가니 푸른 연꽃이 피어났다. 보천은 그 자리에 암자를 짓고는 보천암寶川庵이라 했고, 동북쪽 북대 남쪽 기슭에도 푸른 연꽃이 피어나 동생 효명이 암자 짓고 머물렀다. 형제는 오대산 다섯 봉우리에 올라 예불을 올렸다. 감응이 있었다.

동대 만월산, 남대 기린산, 서대 장령산, 북대 상왕봉, 중대 비로봉에 5만의 보살들이 모습을 보였고, 특히 문수보살은 지금의 상원사에서 36가지 형태의 모습으로 변신하며 나퉜다. 두 왕자의 정진은 계속됐다.

두 형제의 맏형인 효소왕이 702년에 아들 없이 붕어하자 왕위를 잇게 하기 위해 나라 사람들이 오대산을 찾았다. 보천은 사양했고 경주로 돌아가는 것조차 거절했다. 형이 끝내 왕위를 잇지 않으려 하니 동생 효명이라도 나서야 했을 것이다. 효명은 이제 수행을 접고 신라를 다스려야만 했다. 그가 바로 성덕왕이다.

성덕왕은 통일신라 처음으로 백성들에게 정전丁田을 지급했고, 흉년 춘궁기에 굶어죽는 사람들이 줄을 잇자 7월까지 사람마다 하루에 조 3되를 지급하는 등 백성 구휼에도 남다른 노력을 보였다. 역모를 평정하며 냉혈한 성향을 보인 신문왕과 효소왕과는 다른 성군의 모습이다. 성덕왕의 이러한 풍모는 오대산 수행으로 맺어진 결실이었을 것이다.

보천은 오대산에 머물며 정진을 거듭해갔다. 만년에 육신이 허공을 날아 유사강流沙江 밖 울진국 장천굴掌天窟에 들어갔다. 이곳은 경북 울진의 성류굴聖留窟로 추정하고 있다. 수구다라니隨求陀羅尼 독송을 밤낮으로 하니 굴에 살던 신神도 보살계를 청했다고 한다. 장천굴에서 20일을 머문 보천은 오대산 신선굴로 돌아와 정진했다. 상원사 아래 계곡 옆에 자리한 신선암에 신선굴이 있다. 도리천忉利天에 머물던 신도 내려와 그의 법을 들었고, 정거천淨居天 보살들도 차를 달여 공양을 올렸고, 40명의 성중聖衆이 항상 그를 호위했다.

보천은 입적 직전 5대에 각각 모실 불보살과 염송해야 할 경전까지 정해두었다. 동대에는 관음을 주존으로 한 관음방을 마련해 원통사圓通社라 하고, 서대에는 무량수無量壽를 주존으로 한 미타방을 마련해 수정사水精社라 하고, 남대에는 지장을 본존으로 한 지장방을 마련해 금강사金剛社라 하고, 북대에는 석가를 주존으로 한 나한당을 마련해 백련사白蓮社라 하고, 중대에는 문수를 주존으로 한 진여원을 화엄사華嚴社로 부르라 했다. 또한 자신이 앉아 정진했던 보천암을 화장사華藏寺로 고쳐 화엄도량 법륜사法倫社로 가꿔가라 했다.

효명 성덕왕은 즉위 4년만인 705년 백관을 거느리고 오대산 진여원을 찾아와 흙으로 문수보살의 소상塑像을 빚어 전각에 모셨다. 문수보살의 가피로 진여원이 길이 빛나기를 기원했을 것이다. 또한 영변 스님을 중심으로 한 5명이 《화엄경》을 독송하도록 하고는 이내 화엄사華嚴社를 결성했다. 해마다 봄과 가을이면 창조倉租 100석과 정유淨油 한 섬을 오대산 인근 지역서 지원하도록 했다. 아울러 진여원 인근의 땅도 하사했다. 왕의 명으로 곡식과 땅이 절에 내려진 건 이때가 처음이라고 한다.

자장율사가 청량산에서 부처님 진신사리를 모시고 신라로 귀국한 지 62년 만에 오대산은 완벽한 성지로 변모했다. 화엄을 기반으로 한 오대산 문수성지는 이렇게 꿈틀거리며 태동했다.

오대산 중흥, 나옹 선사

1231년 몽고가 고려를 침입함에 따라 국가 지원이 끊기자 오대산도 위기를 맞는다. 그러나 아이러니하게도 '원나라 간섭기'에 오대산은 다시 부흥의 전기를 마련한다. 몽골의 압박에 대한 민족적 저항, 그리고 불교를 중심으로 한 민심 결집이 빚어낸 현상이라고 볼 수 있다.

우선 일연과 민지가 오대산 신앙과 사적을 집중적으로 집필했다. 월정사 불사도 이뤄지는데 일례로 '월정사 장경비'는 1339년 충혜왕忠惠王·공민왕恭愍王의 어머니인 덕비德妃가 월정사에 대장경과 함께 시주한 백금 등의 정재로 세운 것이다. 당시 대장경 봉안법회에 5천 명의 사부대중이 운집했다고 한다.

1380년대 휴상인休上人이 부모, 스승, 국가, 사회에 대한 사중은四重恩을 갚기 위해 주해《화엄경》과《법화경》을 판각해 오대산에 안치했다는 기록도 있다. 부처님 진신사리와 함께 대장경과 불경 즉 법사리法舍利가 오대산에 안치된 것이다.

자장율사와 보천, 효명 태자 이후 오대산이 낳은 거물 중 한 명을 꼽으라면 단연 나옹혜근懶翁惠勤(1320~1376) 선사다.

북대서 수행한 인연이 있기에 나옹의 가사와 불자는 오대산에 모셔졌다. 김시습金時習은 1460년 오대산에 머물며 나옹이 생전에 쓰

부처님의 정골사리를 지궁에 모셨기 때문에
사리를 배전할 적멸보궁 불단에는
불상 없이 좌복만 있다.

던 향반香繁과 승상繩牀(의자)을 참배하기도 했다. 나옹의 오대산 주석은 오대산 불교를 중흥하는 계기가 되기도 했다. 영로암英露庵은 1376년 상원사를, 각운설악覺雲雪岳은 1401년 사자암을, 영공永公은 1393년 서대 수정암을, 지선은 1402년 이전에 동대 관음암을, 비구니 혜명 등은 1469년 남대 영감암을 중창했다. 모두 나옹의 추념사업 일환이었다고 한다.

중대 사자암을
다시 일으키다

오대산 중대 사자암 중건을 일으킨 사람은 조선 태조 이성계다. 이성계의 지원을 받은 각운설악은 중대 사자암을 중건하면서 자장율사가 당에서 사자를 얻어 타고 사리와 정골을 모시고 돌아왔다고 해 '사자암'이라 이름 했다.

이성계는 사자암이 중창되자 1401년 중건 낙성식에 동참했다. 그리고 참찬문하부사參贊門下府事 권근權近을 불러 이렇게 말했다.

오대산이 빼어나다는 말은 오래전부터 듣고서는 원찰을 세워 승과를 심으려고 하였다. 각운설악 스님이 오대산에서 와서 이렇게 말했다.
"오대산의 중대 사자암은 나라에서 지원하여 세운 곳입니다. 중대의 양지에 자리를 잡아서 오르내리는 사람이 모두 거쳐 가는 곳입니다. 암자는 세운 지 오래 되어 없어졌지만 그 터는 아직 남아 있으니 보는 사람들이 탄식하며 가슴 아파합니다. 만약 이 암자를 다시 세운다면 많은 사람들의 마음에 기뻐하고 경축함이 다른 곳보다 배나 더할 것입니다."
이 말을 듣고 공장工匠을 보내 새로 암자를 세웠다. 위의 세 칸은 부처님을 모시고 승방으로 쓰일 공간이고, 아래 두 칸은 문간과 세각洗閣으로 쓰기 위한 것이다. 규모는 비록 작지만 형세에 합당하고 알맞게 만들어 사치하거나 크게 만들려고 하지 않았다. 공사가 끝난 뒤 겨울 11월에 직접 와서 보고 낙성落成했다. 먼저 간 사람들의 명복을 빌고 이로움을 후세에 미루어 만물이 함께 은혜를 받아 이승과 저승이 모두 의지하려는 것이니 경은 글을 지어 영구히 보이도록 하라.

予嘗聞江陵府之伍臺山 奇秀之稱 自古而著 思置願刹 以植勝果久矣
去年夏 有老衲雲雪岳自是山來告曰 山之中臺有庵曰獅子 國裨補也 據
臺之陽 上下是臺者所共由歷 創久而廢 遺基尙存 觀者嘆傷 苟是之重

營 衆心欣慶 必倍於他所矣 予聞而悅 遣工新構 上起三楹 所以安佛寓僧也 下置二間 所以爲門與洗閣也 規模雖小 形勢則宜 欲其稱而不侈大也 功旣告訖 冬十有一月 親臨觀之 以落其成 盖爲追福先逝 推利後世 物我均霑 幽明共賴云爾 卿宜爲文 以示永久

이성계는 고려 왕씨의 원혼을 달래려 했고 나아가 태평성대의 조선을 기원하려 했다. 사자암은 이로써 태조의 원찰이자 비보사찰로 거듭났다.

천 년을 거닐다

오대산에서 문수보살을 친견했다고 전해지는 세조世祖는 1466년 상원사 중창 낙성 기념으로 52명의 선지식 초청 대법회를 봉행했다. 이때 세조는 '곤룡포로 갈아입고 사자암 보궁에 올라가 향을 피워

예배하고 봉양 보시했는데, 이날 밤 밝은 빛이 뻗어 내리고 땅이 움직여 서상瑞祥은 하나가 되었다'고 한다.

조선 후기 유학자 윤선거尹宣擧의 《노서유고魯西遺稿》 속집 권3 〈파동기행巴東記行〉에 '적멸보궁'이라는 말이 등장한다. 윤선거가 금강산 유람길에 사자암을 참배하며 남긴 기록이다.

일찍이 중대를 올라 사자암 금몽암을 지나 암자 위 수십 보 조금 넘는 곳에 전각이 하나 있다. 철기와에 벽이 이중이었는데 편액에 '적멸보궁寂滅寶宮'이라고 쓰여 있다. 보궁에는 불상을 안치하지 않은 채 단지 불영을 설치하고 잡색의 종이꽃을 어지럽게 꽂았을 뿐이다.

우담 정시한丁時翰(1625~1707)도 북대를 거쳐 적멸보궁에 오른 후 글을 남겼다.

겨우 오르고 나니 바람이 거세게 불어 자세히 구경할 수 없었고, 법당에 큰 글씨로 '적멸보궁' 넉 자가 쓰여 있었다. 전각과 요사 뒤로 돌을 쌓아 놓은 곳이 있는데, 부처님의 두골頭骨을 모신 곳이라고 한다.

자장율사가 사리를 봉안할 당시엔 사리를 배전할 수 있는 배전은 없었다. 언제 보궁이 지어진 것일까? 세조 때의 상원사 중창 기록에 보궁이 나타나므로 세조 때 보궁이 있었다는 건 확실하다. 그렇다면 태조 이성계가 중대 사장암을 중건했을 때만 해도 보궁은 이미 있었던 건 아닐까? 어쩌면 사자암 중건 그 당시 보궁을 중수했을 수도 있다. 보궁 중건의 역사적 사실을 밝히려면 좀 더 깊은 연구가 선행되어야 한다.

오대산과 연관된 인물 중 사명유정 대사 또한 빼놓을 수 없다. 사명은 1574년 오대산에 들어와 남대 기린봉 정상에 경봉암을 지었고, 1587년 무렵부터 월정사와 영감암에 주석했다. 임진왜란 이후 일본과 담판할 때도 오대산을 그리워하는 시를 남겼다고 한다. 대들보와 마루가 깎여 있었고 비가 들이차고 바람이 때려 부처님 얼굴에는 이끼가 푸를 정도였던 월정사를 두고 볼 수만은 없었던 사명은 5년 동안 권선문을 갖고 각지를 유력한 끝에 1589년 법당을 중창하고 이듬해 단오절 낙성했다.

조선왕조실록을 보관한 5대 사고 가운데 하나인 '오대산사고五臺山史庫'가 1606년에 건립되면서 또 한 번의 부흥전기를 맞는다. 조정은 사고 옆에 사고사史庫寺를 세웠고 사고 총책임자 총섭도 두었다.

이후 사고와 적멸보궁이 있는 오대산은 유학자들도 꼭 한 번 찾아야 하는 명소로 탈바꿈되기 시작했다.

단원檀園 김홍도金弘道는 금강산과 오대산 등을 답사하며 70여 폭의 진경산수화를 그렸는데 그 화첩이《금강사군첩金剛四郡帖》이다. 그 화첩에는 월정사, 상원사, 중대 적멸보궁, 그리고 오대산사고의 그림이 담겨 있다. 김홍도가 본 적멸보궁은 아마도 연파화상蓮坡和尙이 1767년에 중창한 적멸보궁이었을 것으로 사료된다.

1878년 고종 때 혜은 화상이 적멸보궁을 다시 한 번 손보았음을 적멸보궁에 걸려 있는 현판이 전하고 있다. 높은 산꼭대기에 우뚝 서서 비에 씻기고 바람에 마모되어 동량이 무너지니 이를 바라보던 스님들은 누구나 상심하지 않았겠는가. 혜은 화상이 상원사를 수선한 다음 적멸보궁의 기와를 바꾸고 통桶을 고치며, 헌가軒架를 보수하고 단청을 새로 꾸며 세존의 탑묘로 하여금 환한 모습으로 바꿨다고 한다.

내부 공사보다는 단청, 지붕 확장, 방풍방한 등의 외부 공사에 주력했음을 엿볼 수 있다. 따라서 지금 적멸보궁 내부 공포나 기둥은 세조대로 추정되는 조선 전기의 양식으로 남아 있고 외부 건물은 조선 말 19세기의 형식을 띤 이중구조를 이루게 된 건 이 때문이다.

서울 봉은사서 법을 폈던 근대 선지식 한암 스님은 일제의 감시로 포교와 수행이 어렵게 되자 1927년 오대산으로 향했다. 일제의 압제 속에서 허수아비 노릇하며 살지 않겠다고 천명한 이후 한암 스님은 1951년 입적 전까지 27년 동안 산문을 나서지 않았다고 한다. 한암 스님이 적멸보궁을 참배한 후 사자암 마당에 꽂은 지팡이는 지금도 고고한 자태를 자아내며 생생하게 살아 있다.

적멸의 길은 아름답다

진신사리는 부처님께서 남긴 '마지막 흔적'이라고 한다. 그러기에 부처님을 향한 그리움의 대상으로 삼기도 한다. 그러나 사리는 그대로 부처님이요 법이다. 그러기에 사리는 열반이고 해탈이다.

오대산 적멸보궁에 들어선 순간 우리는 부처님과 법을 만난 것이다. 두 손 가지런히 모은 채 삼배, 백팔배, 천배, 삼천배 올리는 그

찰나 찰나가 열반이고 해탈이다. 사리를 죽음이라고 해도 좋다. 그렇다면 다가오는 죽음을 외면하지 않고 직면하려는 불자만의 서슬 퍼런 의지가 배인 삼배요 삼천배라 하겠다.

진신사리는 계정혜 삼학의 정수다. 삼학 닦는 것을 게을리 하는 사람은 결코 진신사리를 볼 수 없다. 부처님께서 남긴 '흔적'은 볼 수 있어도 부처님께서 전하는 '법음'은 들을 수 없기 때문이다. 선정과 지혜증득이 어려워만 보인다면 계율부터 지키려 노력해야 한다. 그 시작은 참회다.

적멸의 문을 한 치의 망설임도 없이 열어젖힌 중국의 굉지宏智(1091~1157) 선사는 이렇게 노래했다.

꿈같고 환영 같은
아, 육십칠 년이여
흰 새 날아가고 물안개 걷히니
가을 물이 하늘에 닿았네

두 손 가지런히 모으며 마음 정갈히 하려는 사람, 허리 굽히며 자신을 낮추는 사람, 무릎 꿇으며 자신을 내려놓는 사람이 절 마치고 일어설 때 진신사리를 볼 수 있을 것이다. 문수보살이 자신을 호지하고 있음도 직감하리라.

자장율사와 보천 태자가 부처님 법 빌어 오대산을 꿈틀거리게 한 이유이기도 하다. 생멸이 사라진 무위적정의 세계, 그 적멸寂滅의 세계로 자장율사와 보천 태자는 초대하고 있다.

중대 사자암의 가람 배치와 성보문화재

남배현
모과나무 대표

적멸보궁으로
이어지는 길

들머리는 월정사 금강교 앞 주차장. 금강교를 건너 오른쪽으로 내려서면 천년숲길로 불리는 전나무 숲길이 1킬로미터 정도 펼쳐져 있다. 월정사에서 800미터 떨어진 지점에 일제강점기 당시 목재공장이 있던 회사거리가 있다. 약 8킬로미터의 선재길은 여기서부터 시작한다.

계곡따라 걷다 섶다리를 만났다면 잠시 쉬어가시라. 선재길만이 전하는 묘미가 본격적으로 시작되는 지점이다. 계곡 옆 숲길에 놓인 데크로드를 만났다면 물소리에 귀를 기울여보시라. 거의 반은 왔다.

선재교에서 만나는 오대산 산장 옆 멸종위기 식물원을 보고 상원사를 향해 다시 걷다가 출렁다리로 들어서면 계곡 옆 숲길을 만난다. 여기서부터 상원사까지는 약 2킬로미터. 일주문에서 상원사까지의 총 거리는 약 10.4킬로미터. 3시간 40분 소요.

상원사에서 월정사로 가는 진부행 버스가 있다. 상원사 앞에서 출발하는 버스 시간은 오전 8시 10분, 9시 20분, 10시 30분, 11시 30분, 오후 12시 40분, 2시, 2시 50분, 4시 20분, 5시 20분.

  월정사에서 상원사까지는 약 10킬로미터이며 상원사서 보궁까지는 약 1.5킬로미터. 상원사에서 중대로 이어지는 길은 두 갈래. 한 갈래는 옛 스님들이 걸었던 오솔길이고, 또 한 길은 차 두 대가 오갈 수 있는 큰 길이다. 오솔길이 운치 있지만 겨울엔 다소 위험하니 큰 길을 권한다. 상원사서 사자암까지는 대략 30분, 사자암서 보궁까지는 20분이면 족하다.

중대 사자암의 가람

중대 사자암은 오대산 월정사에서 상원사를 잇는 널따란 신작로 끝길에서 상원사를 오른편에 두고 오르는 길의 끝자락에 위치해 있다. 자동차가 통행할 수 있는 끝자락에 도달하면 중대 사자암으로 향하는 현무암 돌계단이 눈에 들어온다. 오백의 문수보살을 상징하는 500계단이다. 천천히 걷지 않으면 몇 계단 가지 못하고 숨이 턱에 차오른다. 평지와는 산소의 양 자체가 다르기 때문이다.

중대 사자암과 적멸보궁으로 향하는 돌계단 좌우로는 오대산의 참주인인 전나무와 잣나무가 순례자들의 좌우를 보처補處와 같이 서 있다. 그러한 계단을 갈 지之 자로 오르다 보면 오대五臺를 상징하는 5층탑 형태의 중대 사자암이 한눈에 들어온다.

중대 사자암은 조선 태종 1400년 11월 중창되었으며 이후 왕실의 내원당內願堂으로 명종 대에 승영僧營 사찰로 보호되기 시작하였고 1644년부터 1646년 사이에 중수되었다. 이후 왕실의 각별한 보호 아래 적멸보궁을 수호하는 도량으로서의 위의威儀를 유지해왔다.

오층탑 형태의 도량 모습을 갖춘 것은 1999년, 현 월정사 주지이신 퇴우정념 큰스님이 오대에 상주하고 계신 일체 불보살님께 불사의 발원을 고告하고 5층 모형으로 향각을 신축하여 2006년 8월 완공했다.

가장 아래인 1층은 해우소로, 2층 공양실, 3층 기도방사, 4층 수행처로 이루어졌으며 5층은 60평 규모의 비로전毘盧殿이 자리 잡고 있다. 사자암의 주 법당인 비로전은 《화엄경》의 주불主佛인 비로자나 부처님을 모셨으며 문수보살과 보현보살이 좌우로 협시하고 있다.

비로전 내 벽체 사방 8면에는 각각 다섯 사자좌의 문수보살을 중심으로 상계上界에 500문수보살상과 하계下界에 500문수동자상이 조각되어 있다. 목조각장인 허길량 선생이 2008년 부처님오신날 완성해 오대산의 화엄 세상을 구현해 그 장엄하고도 신이함을 불자들 앞에 선보였다.

500의 문수보살과 500의 문수동자는 세상에서 그 어떠한 고통이 오더라도, 세상에서 그 어떠한 즐거움이 오더라도 한결같은 여여함으로써 중생을 굽어보고 있다. 어느 분은 짓궂은 모습으로, 어느 분은 자애로운 웃음으로, 어느 분은 경책하는 자비로움으로 불자들의 즐거움과 노여움, 고통, 사랑함 등 일체의 감정들을 수용하신다.

오대산은 오만보살신앙을 상징하는 성지이다. 이 땅에 불교가 전래되기 이전, 우리네 조상님들은 오대산의 일체 자연님께 경외심을 가졌으며 경건한 마음으로 산과 자연을 신인神人으로 받들며 귀의했으며 깨끗한 몸과 마음으로 입산入山 왕래했을 것이다. 비로전에 인사를 올린 뒤 왼편을 보면 오대산에 상주하는 산신님을 모신 산신각이 조성되어 있다.

앞서 설명했듯이 중대 사자암은 부처님의 진신사리를 봉안한 적멸보궁을 수호하는 도량이다. 중대 사자암의 비로전을 나와 왼편으로 보면 정갈하게 정비된 종무소와 함께 현무암 돌계단이 한눈에 들어온다. 적멸보궁으로 향하는 길이다.

부처님의 진신사리를 모신 적멸보궁을 향하기 위해서는 현무암으로 조성한 1,080개의 계단을 올라야 한다. 이 계단은 중대 사자암의 감원인 해량 스님이 2014년 10월 불자들의 지극정성 원력을 결집해 완성했다. 돌과 통나무로 되어 있던 옛 계단은 비나 눈이 오면 항상 추락이나 미끄러짐 등 사고위험에 노출되어 있었던 터라 해량 스님은 감원으로 부임하면서부터 최우선 불사로 선정해 불자들의 원력을 모으기 위해 정진해왔다.

현재 적멸보궁으로 향하는 길에는 석등이 설치되어 있다. 적멸보궁 뒤편에 봉안되어 있는 사리탑의 뒷면을 탁본으로 뜬 모형을 형상화한 것이다. 불자들이 밤에도 적멸보궁을 참배할 수 있도록 불을 밝히고 있다.

사리탑의 앞면에는 5층탑이, 뒷면에는 사리탑을 형상화 한 문양이 각각 새겨 있어 이 탑이 부처님의 진신을 모신 사리탑임을 증명하고 있다.

3평 규모 적멸보궁의 중앙 불단에는 부처님이 상주하시는 모습을 상징화하기 위해 붉은색 좌복만이 봉안되어 있다. 적멸보궁의 앞과 옆에는 참배불자들이 절을 할 수 있도록 석판을 깔아 언제든 일인용 고무판 좌복을 놓고 정진할 수 있도록 배려하고 있다.

오대산의 성보문화재

월정사 적광전 | 적광전은 1960년 중반 탄허 스님 원력으로 조성된 전각이다. 미스터리한 건 비로자나불이 아닌 석가모니불이 모셔져 있다는 사실이다.

팔각구층석탑 | 적광전 앞에 서 있는 높이 15.2미터의 석탑이다. 상륜부 장식 외에는 모두 화강암으로 조성됐다. 학계는 고려시대

유행했던 다각다층석탑의 대표격으로 보고 있다. 국보 제48호다. 1970년 석탑 해체 보수 때 나온 사리장엄구는 월정사 보장각에 보관돼 있다.

석조보살좌상 | 미소가 아름다운 이 석조보살좌상은 팔각구층석탑 앞에 앉아 있다. 전체 높이는 1.8미터이다. 탑을 향해 왼쪽 무릎을 세우고 있는 공양상이다. 11세기 초 고려시대 작품으로 추정되며 보물 제139호이다.

상원사 동종 | 우리나라에서 가장 오래된 종이다. 안동루문에 있던 것을 조선 예종이 상원사로 옮겨 놓은 것이다. 동종이 처음 자리했던 사찰은 지금도 알 수 없다. 성덕왕 재위 시절 조성됐다.

영산전 석탑 | 석탑의 부재를 쌓아올린 이 석탑이 언제 조성됐는지는 알 수 없다. 부재에 새겨진 삼존불은 투박하지만 정감있다.

상원사 문수전 벽화 | 세조와 문수동자의 전설을 형상화한 그림이

다. 세조가 등을 밀어준 동자에게 "너는 어디 가서 옥체를 씻었다고 말하지 말라." 하자, 동자는 "대왕도 어디 가서 문수보살을 친견했다고 말하지 마시오"라 하고는 홀연히 사라졌다.

상원사 문수동자상 | 높이 98센티미터. 1446년 조선 초기 조성된 문수동자상은 오대산 문수신앙의 상징이며 국보로 지정되어 있다.

중대 사자암 목조 비로자나불 좌상 | 강원도 유형문화재 제157호. 비로자나불 좌상은 원래 중대 사자암 향각香閣에 봉안했었던 것이지만, 현재는 훼손과 도난 등의 문제로 월정사 성보박물관으로 이전하여 보관하고 있다. 복장 유물로 발원문發願文을 비롯해 개금발원문改金發願文, 다라니陀羅尼가 발견되었는데, 이 중에서 발원문의 기록을 통해 1894년(고종 31) 긍법肯法, 축연竺衍, 윤익潤益, 창조昌照, 성민性敏, 운조雲照 등 6명의 승장僧匠이 사자암에 봉안하기 위해 제작하였음을 알 수 있다.

오대산 적멸보궁 | 오대산 월정사의 적멸보궁은 신라 선덕여왕 때

자장율사가 창건했다고 전한다. 강원도 유형문화재 제28호. 정면 3칸, 측면 3칸의 익공계異工系 팔작지붕 건물이다. 적멸보궁이란 부처의 진신사리를 봉안한 건물로, 불사리 자체가 신앙의 대상이므로 내부에 불상을 모시지 않는 공통적인 형식을 지닌다. 다른 적멸보궁의 경우는 사리를 안치한 장소가 분명하여 방등계단方等戒壇이나 사리탑이 조성되어 있지만, 오대산의 경우는 어느 곳에 불사리가 안치되어 있는지 그 정확한 장소가 알려지지 않아 신비감을 더해주고 있다. 적멸보궁 뒤에 탑의 모양이 새겨진 표석만 하나 서 있다.

사람 만나는 인연은 봄바람처럼
포근하고 편안하게 하십시오.
광명진언이 탐진치를 청소하고
마음의 문을 여는 열쇠입니다.
이 추운 겨울은 가고
봄은 반드시 오기 마련입니다.

_03

行

정진
하다

광명진언으로
천 년의
어둠을
밝히고

최호승
법보신문 기자

간절한 마음
자비

오대산이 잠들었다. 잔설로 백발이 된 오대산은 얼어붙어 미동조차 없었다. 영하 20도, 체감온도 영하 33도. 그러나 중대 사자암 비로전은 뜨거웠다. 합장하거나 염주를 움켜쥔 두 손이 절절했다. 자신뿐 아니라 일체중생에게 부처님 지혜광명이 비추길 바라는 간절함이 빚은 장엄이었다. 새해 첫 '광명진언 철야법회'였다.

　부처님 지혜가 살아 숨 쉬는 오대성지 중대 사자암 적멸보궁에서는 2011년부터 매월 마지막 주말마다 한 회도 거르지 않고 철야법회가 진행돼왔다. 해량 스님이 감원으로 부임한 뒤 직접 광명진언 주력을 이끌었다. 전국 각지에서 200여 명이 비로전에서 비로자나불 지혜광명을 염원했다. 월정사 주지 정념 스님도 꾸준히 법회를 격려해왔다. 스님은 법문으로 철야법회 입재를 알렸다.

　조금만 추우면 춥다고 난리들입니다.
　우리 안의 분별심이 마음을 더 오그라들게 하고

더 춥게 느끼게 합니다.

사실 지금은 추울 때입니다.

천지 기운은 상생을 위해

봄 여름 가을 겨울의 순환 주기가 있습니다.

이런 흐름은 우주의 성주괴공成住壞空,

인간의 생로병사生老病死 과정과 같습니다.

지구의 생명작용이고 중중무진重重無盡한

인연 속에 일어나는 현상들입니다.

이러한 중중무진의 인연을 벗어나 지구가 더워지고 얼음이 녹는 이런 현상은 어떻게 설명할 수 있을까. 인류의 이기심, 독선, 탐욕이라는 인因이 빚어낸 과果이다. 그렇다면 더불어 사는 상생과 공존의 문화는 불가능한 것일까. 결국 우리의 따뜻한 사랑의 마음, 자비의 마음이 해결책이다. 동체심同體心을 가지지 못하면 생명 사랑과 생명에 대한 외경심이 소멸하고 자기 중심의 탐욕, 편리함만 추구하는 생활양식이 자리 잡는 법이니까 말이다.

조금 더 많이 가지고 조금 더 편리하게 살면 왜 안 된다는 걸까.

굳이 고행을 하며 수행을 해야 한단 말인가. 부처님은 인연의 구조 안에서 세상 만물이 의지하면서 흐르고 변하는 진리를 발견하셨다. '나'라는 한 물건 역시 이 관계 속에서 벗어나지 못한다. 즉 우주만물이 서로 기대어 살고 영향을 주기 때문에 '나'도 혼자서 존재할 수 없다. 무아無我이다. 이 무아를 통찰하면서 부처님은 자기로부터 해방됐고, 그래서 우주만물을 자기처럼 느낄 수 있었다. 동체심인 것이다.

우리 인생이
가장 아름다운 때

우리는 마음의 문을 겨울처럼 꽁꽁 얼려 닫아버리고 살고 있다. 바늘 하나 들어갈 구멍도 없다. 복 들어올 구멍도 없다는 뜻이다. 우리는 마음의 때를 청소하고 마음의 문을 열어야 한다. 왜냐하면 우리들은 행복한 삶을 원하고, 그리해야 행복해질 수 있으니까 말이다. 정념 스님은 부드러운 말씀으로 용기와 희망을 건네며 법문을 마무리한다.

> 사람 만나는 인연은 봄바람처럼
> 포근하고 편안하게 하십시오.
> 광명진언이 탐진치를 청소하고
> 마음의 문을 여는 열쇠입니다.
> 이 추운 겨울은 가고
> 봄은 반드시 오기 마련입니다.

우리는 과거에 연연하고 미래를 걱정하면서 현재에 머물지 못한다. 이런 마음 즉, 중생심 때문에 고통받는다. 《금강경》에서는 과거의 마음도, 현재의 마음도, 미래의 마음도 얻을 게 없다고 했지만 우리는 거기에 집착하고 있다. 동체심이 있을 곳이 없다. 그렇게 '나'라는 것을 붙들고 욕심내고 화내고 어리석게 살고 있는 거다. 탐진치貪瞋痴 삼독심三毒心의 불길은 어떻게 꺼야 할까. 광명진언光明眞言이다.

부처님은 우리들의 이러한 고통은 무명無明에서 비롯됐다고 말씀

하셨다. 무명이란 밝음이 없어 어두운 상태, 어두워 본래 있는 실체를 바라볼 지혜가 없다는 뜻이다. 자기 마음 하나 밝히지 못해서이다. 어둠 가운데 등불 하나 밝히면 만물이 환하게 잘 보이는 것처럼 등불 심지에 불씨 하나 얻는 게 바로 지혜이고, 광명진언이 이 지혜다. 비로자나불의 지혜를 곧 광명진언의 지혜라고 말한다.

스님의 말씀처럼 '항상 바람은 불고, 비는 내리는 것'이고, '겨울은 가고 봄은 오기 마련'이다. 이 말씀에 위안을 얻고 다시 희망을 가져본다. 그러나 삼독심에서 자유롭지 못한 중생은 버려야 할 것이 무엇인지 잘 모른다. 해서 아름답게 타오르지 못한다. 도종환 시인도 그랬다. 나무가 가장 아름다울 때가 〈단풍 드는 날〉이라고 노래했다. 버려야 할 때 버릴 수 있는 용기와 지혜가 필요하다는 뜻이다.

버려야 할 것이

무엇인지를 아는 순간부터

나무는 가장 아름답게 불탄다

나의 여의보주,
광명진언

광명진언은 단풍 떨구는 지혜를 담고 있었다. 광명진언은 비로자나 불이 산 자든 죽은 자든 육도윤회를 하는 자든 영원한 행복을 가져다준다는 진언이다. 《불공견삭비로자나불대관정광진언경不空羂索毘盧遮那佛大灌頂光眞言經》에 따르면 진언을 꾸준히 독송하면 오랫동안 자신에게 있었던 무명과 업장을 걷어낼 수 있다. 자성의 밝은 본성을 드러나게 해서 과거 악업을 지혜광명으로 소멸해 극락왕생한다고 말한다. 아무리 짙은 어둠이 마음을 덮고 있어도 부처님 광명 속에 들어가면 절로 정신과 마음이 맑아져 무명을 타파한다는 진언이다.

일찍이 원효元曉 스님도 광명진언을 중요하게 생각했다. 실제로 항상 가지고 다니던 바가지에 강변의 깨끗한 모래를 담아 광명진언 108번을 외운 다음 묘지나 시신 위에 모래를 뿌려 영가를 천도했다. 원효 스님은 그의 저서 《무량수경종요無量壽經宗要》를 더욱 깊이 부연하여 정토사상을 논술한 《유심안락도遊心安樂道》에서 이렇게 설파했다.

만일 어떤 중생이 어디서든 이 진언을 얻어 듣되 두 번 세 번, 또는 일곱 번 귓가에 스치기만 해도 곧 모든 업장이 사라진다. 만일 어떤 중생이 십악업十惡業과 오역죄五逆罪의 사중죄四重罪를 지은 것이 세상에 가득한 먼지처럼 많아 목숨을 마치고 삼악도에 떨어지게 될지라도 이 진언을 108번 외우고 흙모래를 죽은 이의 시신 위에 흩어주거나 묘나 탑 위에 흩어주면, 죽은 이가 지옥에 있거나 아귀, 아수라, 축생세계에 있거나 그 모래를 맞게 된다. 그리하여 모든 부처님과 비로자나 부처님 진언의 본원과 광명진언을 외운 흙모래의 힘으로 즉시 몸에 광명을 얻게 되고 모든 죄의 업보가 사라지게 된다. 그리하여 고통 받는 몸을 버리고 서방극락세계에 가게 되어 연화대에 환생한다. 그리하여 깨달음에 이르기까지 다시는 타락하지 않을 것이다.

若有衆生 隨處得聞此大灌頂光眞言 二三七徧經耳根者 卽得除滅一切罪障 若諸衆生具造 十惡伍逆四重諸罪 猶如微塵 滿斯世界 身壞命終 墮諸罪道 以是眞言加持土沙一百八徧 屍陀林中 散亡者 屍骸上 或散墓上塔上 遇皆散之 彼所亡者 若地獄中 若餓鬼中 若脩羅中 若傍生中 以一切不空如來 不空毘盧遮那如來 眞實本願 大灌頂光眞言加持土沙之力 應時卽得光明及身 除諸罪報 捨所苦身 往於西方極樂國土 蓮華

化生 乃至菩提 更不墮落

그뿐만 아니다. 스물아홉 자로 된 짧은 광명진언의 수승한 공덕은 고승들 입에 오르내렸다. 송나라 일원 스님은 "나에게 오직 여의보주如意寶珠가 있으니 광명진언"이라고 했으며, 양나라 해운 스님도 "천지우주에 둘도 없는 큰 보물이 광명진언"이라고 했다. 수나라 대명 스님 역시 "복과 지혜를 불러들이는 미묘한 큰 보배"라고 표현했고, 진나라 도광 스님은 "만사를 성취하게 하는 조화방망이"라고 평했다. 명나라 천현 스님은 "복과 운을 마음대로 지어내는 기묘한 화수분"이라고까지 평했다.

바람 칼 무디게 만드는 진언

그래서일까. 아름답게 불타려는 기도 대중들의 간절함은 뜨거운 진언을 토해냈다. 해량 스님은 때론 빠르게 때론 힘차게 주력을 이끌었다. 대중들 신심으로 자아내는 광명진언을 어르고 달래듯 경책하며 채찍질하듯 기운차게 밀고 나갔다. 목탁은 신명을 냈고 그때마다 광명진언은 하얀 입김으로 생멸했다.

"옴 아모카 바이로차나 마하무드라 마니파드마 즈바라 프라바를타야 훔…."

정진은 혼침과 혹한, 잡념과의 사투였다. 사실 매서운 추위는 잡념을 물리고 '춥다'는 느낌만 남겼다. 강력한 그 느낌은 진언을 밀어내기 일쑤였다. 옷 틈새로 '바람 칼'이 들었다. 저릿하다 못해 베일 듯 쓰라린 추위였다. 오대산 찬 공기가 법당을 휘저었다. 진언 주력이 무르익자 잦아들더니 '바람 칼'은 무뎌졌다. 주력으로 '춥다'를 몰아낼라치면 혼침이 더 강하게 밀려왔다. 일연 스님의 한마디가 혼침 중에도 광명진언 소리 타고 들려왔다.

국내 명산 중에도 이곳이 가장 좋은 땅이므로,
불법이 길이 번창할 것이다.
중대인 풍로산에는 비로자나가 상수가 되어
1만 문수가 상주한다.

철야법회 정진 대중들 신심은 두터웠다. 그럴 수밖에 없었다. 비로전 사방 8면에 각각 다섯 사자좌의 문수보살을 중심으로 상계上界 오백 문수보살과, 하계下界 오백 문수동자상이 굽어보고 있었다. 오만 불보살이 상주하는 오대산의 상서로움도 거들었다. 지근거리에는 신라 자장율사가 중국 오대산에서 문수보살을 친견하고 얻은 석가모니 정골사리를 봉안한 적멸보궁이 버티고 있었다.

실제 오대산은 만월산, 기린산, 장령산, 상왕봉 등 4개 봉우리가 최고봉인 비로봉을 감싸고 있다. 연꽃 모양인 셈이다. 부처님 정골사리가 모셔져 있어 법신이 충만한 적멸보궁을 중심으로 동서남북 산허리에 보살들이 현현하는 다섯 '대臺'가 있다. 동대 관음암에 1만 관세음보살, 서대 수정암에 1만 대세지보살, 남대 지장암에 1만 지장보살, 북대 미륵암에 1만 미륵보살이 머문다. 중대 사자암에는 1만 문수보살이 있다 해서 비로전 주불로 비로자나불을 모시고 좌우 협시에 문수·보현보살을 모셨다.

1,050미터 높이에 자리한 중대 사자암은 적멸보궁 향각香閣이다. 적멸보궁 참배와 공양물을 올리기 위한 스님이나 신도가 머무는 곳이다. 사자암 이름은 문수보살이 타고 다니는 영물 사자에서 따

왔다. 이 사자암에서 혼침에 휘둘리는 자신을 더 채찍질해야 했다. 깨지지 않는 신심으로 탐진치 삼독심을 버리겠다는 용기와 그 지혜를 공양해야 했다. 그래야 1만 문수보살의 가피를 얻을 수 있으리라. 경허·만공·수월 스님과 함께 선풍을 드날리며 천고에 자취를 감추고 학이 된 한암 스님, 적멸보궁서 손가락을 연비한 일타 스님의 서릿발 같은 구도심과 신심이 정진 대중을 경책했다.

  자정에서 새벽으로 흐르는 시간이 칠흑 같은 어둠과 천근처럼 무거운 혼침을 불러왔지만 진언 염송 소리는 더욱 거세졌다. 법당 사방천지에서 광명진언이 용트림하며 오대산을 깨웠다. 몇몇이 장궤합장長跪合掌하기 시작했다. 혼침 때문이었다. 혼침을 이겨내서라도 광명진언을 놓지 않겠다는 정진력이었다.

마음 들에
봄은 온다

강릉에서 온 이중근 거사와 정연자 보살 부부는 문수성지를 욕되게 하고 싶지 않았다. 법회 내내 합장을 풀지 않는 등 결연하게 정진했다. 아내는 '초파일 신자'였다. 기복을 위해 절에 다녔고 기도했다. 절에 가면 삼성각부터 찾았다. 아내를 절에 데려다주던 남편은 도량에 한 발짝도 들이지 않았다. 그러나 직장이 있는 강릉에서 관음사 불교대학을 다니고 포교사고시에 합격하면서 남편은 달라졌다.

이 거사는 "처음엔 대중의 소리를 듣고 집중하다보면 공성이 일어나 어느 순간 번뇌가 사라진다"며 "이후엔 내 소리만 오롯이 남게 돼 더 간절히 진언에 몰입하게 된다"고 밝혔다. 정 보살은 "나와 가족을 위한 기도만 하다 이제야 진정한 수행을 만났다"며 환희심을 냈다. 부부가 불법승 삼보에 귀의한 뒤 2015년 4월부터 광명진언 철야법회에 동참해온 이유다.

결국 체감온도 영하 33도가 휘두른 '바람 칼'은 오대산 중대 사자암 비로전서 봉행된 '광명진언 철야법회'의 정진력 결계 앞에서 부러졌다. 장궤합장 자세로 염주 틀어쥔 불자가 비로자나불 지혜광명을 부르짖었다. 혼침마저 물리친 간절함은 번뇌 잘라낸 취모검이었다. '절대 신심' 깃든 문수성지 오대산에 틈은 없었다.

임복숙 보살은 비로자나불이 결하는 수인인 지권인을 하며 광명진언을 독송했다. 법으로써 중생을 구제하고 일체 무명번뇌를 없애고 부처님 지혜를 얻겠다는 발원이었다. 곁에서 정진하는 도반에게 직접 만든 염주를 보시하며 성불을 기원한 임 보살은 "열심히 독송하다보면 절로 신명이 나 시간 가는 줄 모르겠다"며 "여름에는 농사일로 바빠 못 오지만 한 달에 한 번 철야법회에 참석하고 나면 마음이 평온해진다"고 말했다. 4년째 대구에서 오대산을 찾는 구참자 오나연 보살도 "처음엔 피곤하고 힘들지만 수차례 정진하면 신심이 절로 생긴다"며 방한용품을 나누며 이날 법회를 회향했다.

새벽 4시, 아직 여물지 않은 아침이 오대산에 방부를 들였다. 서울 조계사와 봉은사, 대구에서 버스를 타고 온 이들은 광명진언 새겨진 염주 9알을 꿴 뒤 환희 품고 오대산을 떠났다. 1년 12번 동참 후 108염주 완성되면 오대산과 함께 또 한 번 환희심에 젖으리라.

마음도 죽는다. 탐진치 삼독심에 순간순간 미혹한 마음만 태어나고 늙고 병들어 죽을 뿐이다. 그러나 하늘은 늙지 않는다. 비로자나불 지혜광명도 늙지 않는다. 중대 사자암 비로전을 가득 메운 광명진언 역시 형형히 빛났다. 잔설 녹아 새 생명 움 틔우는 봄이 오면 늙지 않는 오대산은 새롭게 깨어난다. 오래된 진리다.

탐진치 삼독심에 빼앗긴 '마음 들'에 봄은 쉽게 오지 않는다. 하지만 겨울이 모든 꽃들을 꺾을지언정 결코 봄을 지배할 수 없다. 꽃 피는 봄이 오면.

정진
하다　　　　　行

"부처님 가르침에 맞지 않으면
불교 조각이 아니다"라고
허길량 목조각장인은 말한다.
중대 사자암 비로전에 조성한 것은
오대산의 화엄 세상이다.
화엄 세상에는 1만의 문수보살이 상주하고 있다.

중대 사자암 비로전 사방면에는
비로자나 부처님을 중심으로
화엄 세상이 펼쳐져 있다.
특히, 천진불인 선재들이 노니는 장면은
불자들의 마음을 청량하게 이끈다.

기도는
그릇을
준비하는
과정

| 법혜法慧
중대 사자암 백일기도 회향

어떤 그릇을
준비할 것인가

부처님께서는 모든 중생들이 행복하기를 바라기 때문에 항상 복을 내려 줄 준비가 되어 있다. 문제는 받는 사람의 그릇이다. 밥을 달라고 하면서 '간장 종지'를 가져 온다. 사정이 이러하니 부처님은 더 주고 싶어도 줄 수가 없어 안타까워하게 된다. 부처님의 가피를 받아야 할 사람이 자신의 그릇은 생각하지 않고 불만을 갖게 된다.

"부처님! 이만큼만 주시면 어떻게 해요. 배고파요."

그러면서 '가피를 못 받았다'면서 투덜거린다. 기도는 '그릇 만들기'이다. 끊임없는 자신과의 싸움이다. 수련 과정이다. 이러한 과정을 극복해야 기도 성취를 이룰 수 있다. 그렇다면 어떻게 해야 원하는 그릇을 만들 수 있을까? 우선 세 가지를 갖춰야 기도 성취 즉, 원願을 이룰 수 있다.

먼저 복과 지혜를 위한 자량資糧을 쌓는 일이다. 복을 짓는 것을 어렵게 생각해서는 안 된다. 버스나 지하철에서 노약자에게 자리를 양보하는 것에서부터 부처님께 지극한 마음으로 향을 사르고 공양을 올리는 일, 법당이나 도량을 깨끗이 청소하는 일 등 바라지 않는 마음으로 보시하는 모든 일이 복이 된다.

지혜는 욕심과 성냄, 어리석음을 버리고 고요히 정진하는 데서 비롯된다. 정진하는 방법이 많지만 그 가운데 중대 사자암 문수도량에 붙어 있는 경구, "성 안 내는 그 얼굴이 최고의 공양구요 부드러운 말 한마디 미묘한 향이로다"를 실천하면서 광명진언 기도를 하는 것도 좋은 방법이다.

다음은 악업을 참회해 소멸해야 한다. 악업 참회는 다겁생多怯生에 알고 짓는 유심죄有心罪와 모르고 짓는 무심죄無心罪를 참회하는 것을 말한다. 지난 잘못을 뉘우치고 다시는 같은 잘못을 하지 않겠다고 발원하는 것이 참회의 진정한 뜻이다. 악업을 참회하는 데 가장 좋은 것이 광명진언 기도이다.

나 역시 오대산 일만 문수보살 도량 비로전 법당에서 광명진언 100일 기도를 회향했다. 하루 1만독씩 100일 동안 100만독을 성취했다. 기도하면서 광명진언이야말로 다겁생에 묵은 업장을 청소하는 초강력 진공청소기로구나 하는 확신이 들었다.

비로전 법당 앞에는 광명진언의 공덕을 잘 설명한 문구가 게시되어 있다. 기도하기 전 한 번씩 읽으면서 더 깊은 신심을 키울 수 있었다. 감사한 마음으로 100일 기도를 장애 없이 원만 회향했다. 기도로 말미암아 뿌듯하고도 감동적이었고, 충만한 자신감도 생겼다. 기도는 이렇듯 무한 에너지를 얻게 한다. 자신의 원을 성취할 수 있다는 자신감을 얻는 것이다. 가피를 입은 것이다.

광명진언은 진리의 대광명인 비로자나 부처님의 진언으로, 모든 진언 중에서 가장 신묘하고 보배로운 진언이다. 그래서 경전에는 광명진언의 공덕과 가피에 대해서 '조개로 바닷물을 능히 헤아릴 수 있을지라도 광명진언의 공덕은 다 말할 수 없으며 시방세계의 티끌 수는 다 헤아릴 수 있을지언정 광명진언의 공덕은 다 말할 수 없다'고 한다. 또 광명진언은 여의주인지라 일체 지혜와 행복과 유형무형의 모든 광명을 불러온다고도 한다. 《불공견색비로자나불대관정광명진언경》에 의하면 광명진언을 외우면 일체 악귀와 악령이 사라지고 맹수와 독사가 범치 못하고 불벼락이 달아나고 삼세의 업장이 소멸된다고 한다.

셋째는 선근善根을 심어야 한다. 선업善業은 말 그대로 많은 사람들에게 이익되는 일을 하는 것이다. 대중들이 공양하는 식당에서 설거지를 하는 것도 좋은 일이요, 길 잃은 아이에게 부모를 찾아주는 것도 좋은 일이다. 선행은 그리 멀지 않고 우리들 곁에 항상 존재하기 마련이다.

그런데 선행을 하고도 복이 되지 않는 것은, 비유하자면 농부가 씨앗을 심어놓고 (선행) 뒤집어버리면 그 씨앗은 말라죽는 것과 같다. 선행을 하고도 상(相)을 내는 것이 이와 같다. 그런데도 사람들은 싹이 돋아날 때까지 기다리지 못하고 안달한다. 그러면 그 열매(복)를 기대할 수 없게 된다. 지혜롭지 못하기 때문에 결과적으로 복을 차버리는 것이다.

그리고 작은 선업이라고 복이 되지 않을 것이라고 가벼이 여기지 말아야 한다. 작은 고추씨 한 개가 자라면 100개에서 200개의 고추가 열린다. 작은 것에서 시작하여 수백 수천의 효과를 볼 수 있는데도 지혜롭지 못해서 작은 선업을 쌓을 생각조차 못하는 것이다.

이러한 지혜는 광명진언 기도를 통해 얻을 수 있다. 광명이 곧 지혜이기 때문이다. 광명진언 기도를 지속적으로 하면 지혜가 증장하여 삶이 개선된다. 일상이 긍정적으로 바뀐다. 기도의 목적 중 하나이기도 하다.

누가 부처님 보기에
좋아 보이는가

기도는 간절한 마음으로 해야 한다. 비유하자면 두 아들이 있는데 모두 배가 고프다고 엄마에게 밥을 달라고 보챈다고 하자. 그런데 한 아들은 텔레비전을 보다가 밥 달라고 하고 또 책을 뒤적이다가 밥 달라고 하고, 친구하고 전화하다가 생각나면 밥 달라고 한다. 엄마가 생각할 때 "아니 저놈은 배가 고프기는 한 거야 자기 볼일 다 보며 생각나면 밥 달라고 하네. 됐어 이놈아! 나도 바빠" 하면서 무심한 태도를 취하기 마련이다. 그런데 다른 아들은 엄마 치맛자락을 붙잡고 따라다니면서 엄마만 쳐다보면서 밥 달라고 간절히 애원한다. 그러면 엄마는 "아이고, 우리 아들이 배가 많이 고팠구나" 하며 얼른 차려줄 것이다.

기도 역시 이와 같이 간절해야 한다. 우리들의 기도하는 마음 자세는 어떤 아들과 같은 형태인지 한번 생각해볼 필요가 있다.

간절히 원하면 기도는 반드시 성취된다. 거기다 참회하고 선행까지 한다면 더 빨리 성취될 것이다. 비유하자면 한 아들이 아빠에게

컴퓨터를 사달라고 한다고 치자. 그러면 아빠는 "이놈 봐라. 좀 무리한 요구를 하는군. 좀 지켜보고 사주겠다"고 한다. 그런데 아들이 아침마다 아빠의 구두를 닦아놓고 부모님에게 "지난 날 속 썩여 죄송합니다. 다시는 그러지 않겠습니다" 하고 참회하며 부모님을 감동시킨다. 그러면 부모님은 설사 좀 무리한 요구를 하더라도 아들의 바람을 다 들어주려고 할 것이다.

광명진언 기도 역시 이와 같다. 부처님께 바라지만 말고 공양미도 올리고 향도 사르면서 여러 사람들에게 이익되는 좋은 일도 하고, 지난 잘못들을 진심으로 참회한다면 기도는 빨리 성취될 것이다. 그것은 오로지 자기 마음이 만드는 공덕이며 인과이다. 기도 중에는 특히 남의 허물을 말하지 말고 오직 자신을 들여다보고 자신이 받을 준비가 되어 있는 그릇인지를 항상 점검해야 한다.

기도하러 법당에 온 사람이 기도에 방해된다며 자리도 양보하지 않고 조금도 남을 배려하지 않는다면 그 사람이 과연 기도를 성취할 수 있을까? 자신의 기도가 소중하면 남의 기도 역시 소중함을 알고 남에게 이익되는 일을 먼저 해보라. 스스로 자신에게 감동하고 기뻐하듯이 부처님은 그러한 사람을 더욱 예뻐하실 것이다.

어떤 부부가 넉넉하지도 않으면서 어려운 학생들에게 매달 장학금을 줬다고 한다. 몇 년 후 자신의 아이들도 장학생이 되었다고 한다. 보통 생각으로는 자신의 아이들 학원비로 먼저 쓸 생각을 하지 남의 아이 장학금 줄 생각을 하기는 어렵다. 이렇듯 남모르게 선행을 하면 복은 인연 따라 오게 된다. 그것을 선인선과善因善果라 한다.

"내가 짓고 내가 받는다"는 부처님의 말씀을 떠올리며 다시 한 번 자신은 어떤 그릇을 준비하고 있는지 살펴보자. 나는 선인선과를 받을 자격이 있는가? 항상 스스로에게 질문을 던져보자.

일체의 부처를 알고자 한다면

마땅히 법계의 본성을 관하라

그리하면 모든 것은 오로지

마음이 지어내는 것임을 깨닫게 되리라

若人欲了知 三世一切佛

應觀法界性 一切唯心造

_04

證

가피를
얻다

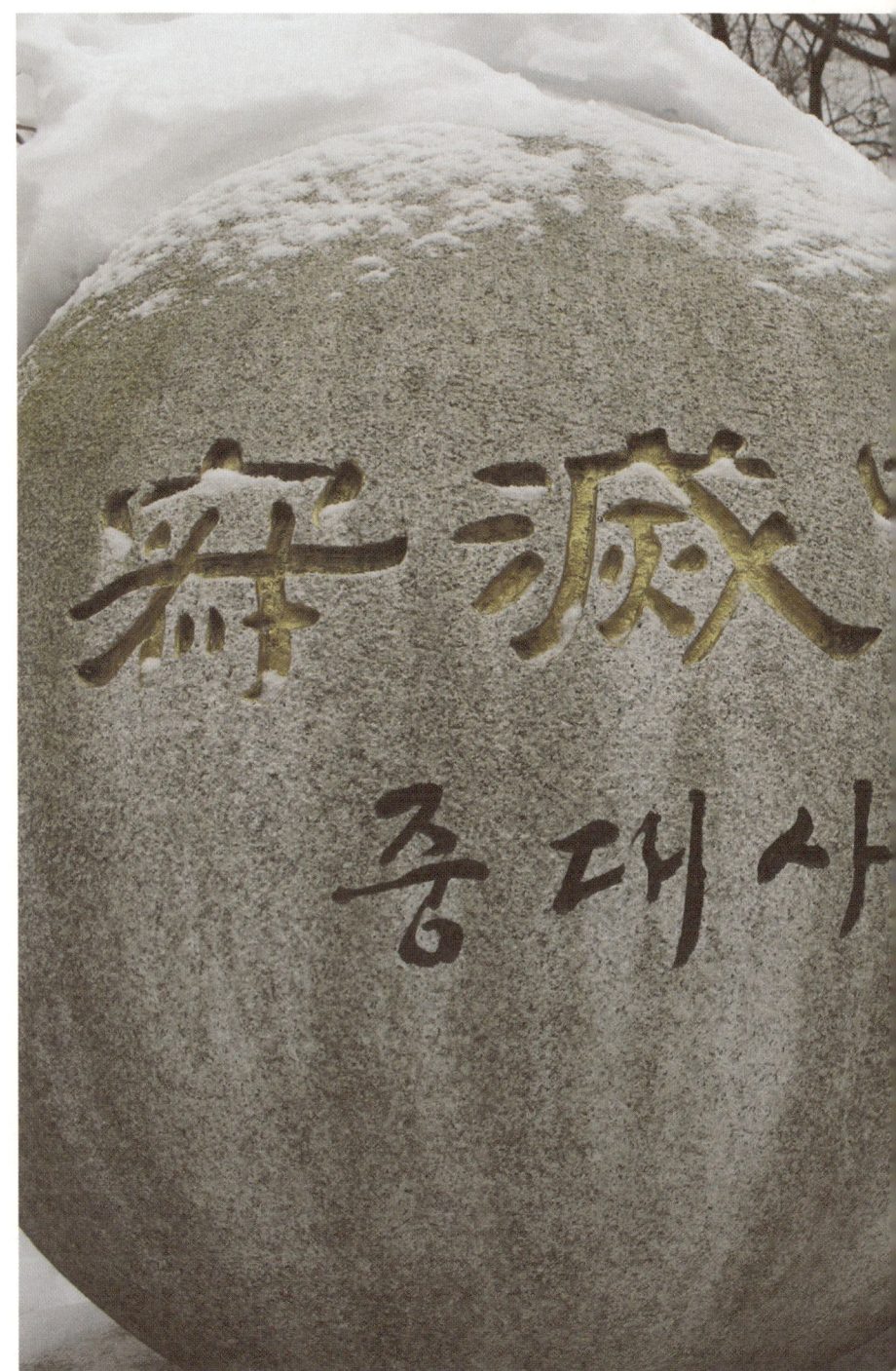

마음
내려놓은
그 자리에서
가피를
얻다

| 김무언
불자

내게 떨어진
날벼락

막막했다. 어느날 내가 운영하는 사업체를 관할하는 지방세무서에서는 "세무조사를 하겠다"고 통보해왔다. 게다가 관할 검찰청에서는 "범죄 행위가 확실해 당신네 직원을 기소했다"는 통보를 해왔다. 엎친 데 덮친 격이었다.

세무조사에 대해선 주식회사 출범 이후 단 한 차례도 받은 적이 없었기에 조금은 수긍할 법도 했지만 제조업법 위반을 했다니, 너무나도 억울하고 분했다.

어디 한 곳 하소연할 데도 없고 막막한 마음에 세상을 등지고 싶다는 나쁜 생각을 하기도 했다. 이제 막 겨울로 접어들 즈음, 나쁜 소식에 밤기운은 유난히도 차갑고 매서웠다.

'왜 하필 나에게 이런 일이…. 어쩌다 이렇게 된 거지, 누구에게 도움을 청해야 하나?'

불자로서 일곱 부처님께서 설하신 가르침인 칠불통계게七佛通戒偈를 실천하려 노력해왔다. 남에게 해가 되는 일체의 악행을 하지 않을 것을(諸惡莫作), 항상 착한 일을 받들어 봉행할 것을(衆善奉行), 오직 수행으로써 몸과 마음을 맑게 할 것을(自淨其意) 다짐하며 살아왔다. 그러한 긍정의 삶을 부처님의 가르침이라(是諸佛敎) 발원하면서 틈틈이 염불처럼 외워 몸과 마음에 담고자 노력했다.

그러나 들이닥친 현실은 아팠다. 어금니를 물었다. 겨울바람을 가르며 한 줄기 유성이 유난히도 길게 드리웠다. 긴 유성이 멈췄으면 좋겠다는 생각이 들었다.

'이대로 시간이 멈췄으면 좋으련만…'

머나먼 유성을 바라보고 있으니 머리가 약간 차가워졌고 이내 억울하고 분한 마음도 조금은 멀어진 듯했다. 무엇을 해야 할까. 찬찬히 생각하니 수 년 전부터 사업이 버거울 때면 버거운 대로, 마음이 편할 때면 편한 대로, 그냥 참배하고 싶을 때면 마음 가는 대로 순례에 나섰던 오대산 적멸보궁이 떠올랐다.

한밤중이었지만 평소 허물없이 찾아뵈었던 중대 사자암의 감원 스님께 전화를 걸었다. 내 욕심과 다급함에 예의고 뭐고 따지지 않고 말씀드렸다.

"스님! 아무래도 우매한 중생이 부처님 적멸보궁을 찾아뵈어야 할 것 같습니다. 지금 출발하면 새벽 예불쯤에는 도착할 수 있을 것…."

숨이 넘어갈 듯이 내 이야기만 했다. 전화를 막 끊으려니 전화기 너머로 반가움과 걱정스러움이 섞인 스님의 목소리가 들려왔다.

"그리하세요. 그런데 눈이 많이 와서 어떨는지…. 천천히 조심해서 오세요."

스님의 말씀이 채 끝나기도 전에 걸음을 재촉했다. 시계는 밤 12시를 향하고 있었다. 지금 출발하면 중대 사자암까지는 세 시간가량 걸린다.

마음이 급하니 세 시간은 더욱 길고도 더디게 느껴졌다. 마음만 조급했지 차는 추운 겨울바람에 막혀 더욱 느리게 가는 듯 마음을 무겁게 짓눌렀다. 운전하는 내내 세무서와 검찰청에서 받은 나쁜 소식들이 뒤섞이면서 온몸 구석구석을 짓눌렀다. 오십 평생, 경찰서 한 번 가지 않았던 터라 충격은 더욱 컸다. 온몸의 세포 하나하나엔 부정한 기운이 똬리를 틀었는지 몸을 단단하게 옥죄고 있었다. 마음이 차갑게 굳으니 몸도 뻣뻣해졌다.

억울함과 분노를 안고
적멸보궁을 찾다

일체유심조一切唯心造, 일체의 것을 오로지 마음이 지어낸다고 했던 가. 부처님의 가르침 그대로 몸이 따르고 있는 것이리라. 불안한 마음에 몸이 먼저 반응하고 있었다. 온몸 온 마음이 굳어 뻐근했다.

차를 어떻게 운전했을까? 시간은 얼마나 지났을까? 어느덧 오대산 월정사를 지나 널따란 신작로 초입에 다다랐다. 스님 말씀대로 오대산 자락은 온통 눈 덮인 설산이었다. 차가 더 이상 나아갈 수 없을 정도로 길은 답답했다. 널따란 신작로 옆에 차를 두고 걷기 시작했다.

이윽고 상원사를 오른 어깨에 두고 산을 올랐다. 내 고통, 그 누구의 것보다 컸기에 상원사 문수보살님도 친견하지 않은 채 무릎 높이까지 차오르는 눈구덩이를 헤치고 나아갔다.

차를 타고 10여 분이면 편안하게 올랐던 사자암 오르는 길, 그 길은 시쳇말로 길이 아니었다. 푹푹 눈밭에 한번 발을 들여놓으면 한 발짝 들어 옮기기가 힘들었다. 눈길은 걸음 옮길 때마다 온몸을 잡아당기는 것이 돌덩이처럼 차갑고 묵직했다.

그 무거움이라니, 마치 몇십 년 묵은 업장 같았다. 칠흑같이 어두웠던 길은 새벽녘 여명黎明으로 길인지 아닌지를 구분할 정도가 됐다. 발은 감각이 무뎌져 내 발이 아닌 것처럼 얼얼했다. 등줄기엔 땀이 범벅이 된 지 오래다.

숨이 차올라 호흡이 어렵게 되자 한 시간 전 마음속에 담아 두었던 온갖 번뇌와 걱정들은 이미 남의 일처럼 아득하다. 얼어붙은 발과 등줄기 땀에 온 정신이 쏠렸으니 고통스런 '지금'을 벗어나고 싶을 뿐이다. 얄팍하고 욕심 많은 내가 보였다.

몸이 힘겹고 어려우니 그것에 정신이 팔려 걱정을 잊다니…. '부처님께 지극정성으로 기도하겠다'며 단단히 마음먹고 왔건만 그런 나를 보고 있으니 '얄팍하고 신심이 없다'는 자괴감마저 들었다. 온 세상 고통을 죄다 짊어졌던 마음 어디에도 걱정의 그림자는 사라진 채 오직 고통에 매달려 있으니 그냥 헛웃음만 나왔다.

얼마나 걸었을까? 무뎌진 발걸음에 도착이나 할 수 있을까 싶었던 오층탑 모양의 사자암이 어둑어둑 눈에 들어왔다. 목탁 소리가 들려왔다. 그 소리 맑았다. 새벽 도량석道場釋 소리였다. 감원 스님은 나를 맞이할 겸, 내가 잘 오는가 궁금했던지 밖에 나오셔서 눈을 치우고 계셨다. 반갑고 고마웠다.

"스님! 스님! 이제 도착했습니다. 남은 털신하고 목장갑 있으면 하나 주세요."

고통을 벗어나겠다는 간절함에 허겁지겁 왔으면서도 또 내 욕심만 챙기고 있었다.

"뭐가 그리 급하세요. 도착하셨으니 차근차근 하세요. 무엇이든 시간이 지나야 합니다. 아침 공양하시고 절을 하시든, 기도를 하시든 하세요. 적멸보궁 부처님께서 어디로 가시겠습니까?"

화끈거렸다. 천 년의 세월을 오대산에 상주하셨던 부처님 아니신가? 스님 말씀대로 나 같은 얄팍한 속물 때문에 어디로 가실 분이 아니다. 스님께 차 한 잔 얻어 마실 때마다 어느 경전 경구에 따르면 이러니저러니 알음알이 상相을 냈으니 스님 보시기에도 많이도 어리석고 측은하게 보였을 것이다. 불쌍해 보였으리라.

차 한 잔에
마음을 녹이다

스님 말씀에 서둘러 아침 공양을 들고 차담을 나누었다.

"그래 무슨 일이신데 이리 새벽녘에 오셨나요? 눈이 많이 와 길도 미끄럽고 사나웠을 텐데요."

망설이다가 스님께 자초지종을 설명드렸다.

"법대로 살아왔고 특별히 잘못한 것도 없고 더군다나 법을 위반한 일도 없는 것 같은데 일이 이렇게 꼬였습니다."

내가 찻잔을 들자 스님께서 말씀을 이었다.

"업연業緣은 그냥 일상에서 일상으로 세세생생 이어집니다. 그것은 좋을 것도 나쁠 것도 없습니다. 각자 어떻게 받아들이느냐에 따라 좋은 일이 될 수도 있고 나쁜 일이 될 수도 있을 뿐이지요. 시간이 지나면 어떤 일이든 치유되기 마련입니다. 그냥 받아들이고 극복하면 됩니다. 거사님 사정은 잘 모르겠으나 아마도 근자 몇 년 새 지은 불편한 인연들이 있을 겁니다. 크게 걱정 마세요. 업연은 풀고 극복하면 그만입니다. 당사자하고 직접 풀어도 좋겠지만 본인의 잘

못이 없다면 그렇게 하지 않아도 저절로 됩니다. 그동안 거사님 성품으로 보아 그리 큰 불편함은 없을 것이니 기도하시고 정진하세요. 늘 하심으로 마음 잘 다스리시고 기도하면 부처님의 가피가 있을 겁니다."

스님의 말씀은 한 잔의 차처럼 따스했다. 고마웠고 감사했다. 말씀만으로도 집에서 출발할 때 불같이 이글거렸던 고통과 분노가 조금은 줄어든 듯했다. 스님 말씀 따라 찬찬히 옛일들을 되새겨 보았다. 나중에 안 사실이지만 이 모든 것은 우리 회사가 새롭게 출범할 당시 경영을 맡았던 회사 선배와 연관이 있었다. 출범 초기 대표로 있었던 선배란 사람은 회사의 재정을 극도로 악화시킨 뒤 나와 후배들이 재정 파탄에 따른 원인과 대책을 묻자 책임도 지지 않은 채 도망치듯 사라졌다. 치유할 수 없을 정도의 상처만 남겨 놓은 채. 그는 그 뒤 우여곡절 끝에 회사가 정상화 되자 나와 직원들에게 앙심을 품고 있던 자들과 결탁해 회사 전체를 곤경에 빠뜨리기 위해 일을 꾸민 것이었다. 거기에는 우리와 경쟁 관계에 있던 자들도 결집해 있었다. 그 배경에는 힘 있는 몇몇 정치인들에게 줄을 댈 만한 자들까지 끼어 있었다. 평범한 우리가 상대할 사람들이 아니었기에 법대로 대응하고 맞설 수밖에 없었다. 직진으로 가야만 하는 상황이었다. 두렵고 버거운 상황은 그렇게 이중삼중의 거미줄처럼 빈틈없이 짜여 있었다. 우리가 대응하면 대응할수록 고통의 거미줄은 더욱 옥죄어 올 것이다.

차 한 잔에 스님의 따스한 격려까지, 이제는 좀 여유가 생겼다. 차실을 나서니 사자암 맨 위 법당인 비로전毘盧殿이 눈에 들어왔다. 그동안 습관처럼 내 욕심만 챙길 생각으로 계단을 오르면서도 세세히 보지 못한 비로전이었다. 아무 생각없이 비로전 부처님과 보살님께 절을 올렸으니 불보살님도 습관처럼 '또 왔구만' 하고 맞이하셨을 것이다.

삼천 번 몸을 엎드리다

법당 문을 열고 들어서니 비로자나 부처님은 물론 문수보살님과 보현보살님의 미소까지 친근하게 들어왔다. 촛불의 흔들림에 따라 불보살님들도 잔잔하게 흔들렸다. 마치 법문을 하시는 것처럼. 삼천불보살님 앞에 납작 엎드려 삼배를 올리고 나니 삼천배를 하고 싶어졌다. 생각은 불보살님과의 약속이 되었다. 망설일 것도 없이 홀로 석가모니불 정근을 하면서 삼천배 정진에 입재했다.

처음 사자암으로 출발할 때부터 삼천배 원력을 세운 건 아니었지만 비로전 부처님께 삼배를 하고 나니 꼭 하고 싶었다. 나의 한계를 살펴보고 싶었고 그동안 지은 업연을 그렇게라도 참회하며 씻어내고 싶었다. 온몸 온 마음을 삼천 번쯤 들고 내려놓으면 고통이 분명 사라질 것만 같았다.

삼십여 년 전 대학생 불교연합회 수련회에서 천팔십배를 2시간 만에 했던 경험을 살려 일배 일배 절을 시작했다. 그러나 그건 욕심일 뿐이었다. 백팔배를 서너 차례 하고 나니 온몸이 제멋대로였다. 몸은 이미 땀에 흥건히 젖었고 숨이 목에 차 헉헉대고 있었다. 체력이 바닥나니 일배 일배는 이내 극기 훈련으로 바뀌었다. 불과 한 시간 전만 해도 온 세상 고통과 고민을 다 짊어진 듯 심신心身이 산란하더니 이번엔 고통만이 밀려왔다.

내 다리가 아닌데다 가쁜 숨만을 몰아쉬고 있는 '나'를 보았다. 또

한 번 안타깝고 측은했다. 첫 오백배를 그렇게 마친 뒤 숨을 몰아쉬면서 잠시 정좌했다. 명상을 하려고 가부좌를 틀었지만 이번엔 혼침昏沈이 밀려왔다. 피곤이 한꺼번에 몰려온 것이다. 한밤중 차로 서너 시간을 달려 온 뒤 곧바로 한 시간이 넘게 눈밭을 헤매다가 다시 삼천배라 혼침으로 정신은 몽롱해지고 체력은 바닥나 앉아 있는지 졸고 있는지 분간이 가지 않았다. 그런 와중에도 분노와 아픈 현실이 다시 몸을 일으켜 세웠다.

'삼천배 정진을 회향해 반드시 부처님의 가피로 어려움을 극복하리라.'

20여 명의 직원들과 그의 가족들이 떠오르면서 원력은 염불처럼 되풀이 됐다. 그리고 다시 절을 이어갔다. 정진 중 염송했던 발원은 발원이 아니었다. 그냥 분노와 분별심을 누그러뜨리기 위한 몸부림에 불과했다.

"능히 극복할 수 있을 것"이라는 감원 스님의 진언을 되새기면서 다시 오백배에 입재했다. 두 시간 만에 오백배를 마치고 30분 좌선을 하는 식으로 정진을 이어가기로 마음먹었다. 당시 나는 홀로 하는 절 수행의 난관과 고통을 뼈저리게 깨달았다. 비록 내 몸이 지치고 무겁더라도 도반들과 함께하면 서로에게 기운을 북돋아 쉼 없이 절을 할 수 있지만 홀로 하는 삼천배는 대중들과 함께하는 절과는 판이하게 달랐다. 너무나 고통스럽고 힘겨웠다. 절하는 순간순간 포기하라는 몸의 절규가 온몸 온 마음에 요동쳤다. 홀로 하는 절은 열 배 이상 더 힘든 것처럼 느껴졌다. 오롯이 나 홀로 절을 해야 했기에 일배 일배는 고통의 연속이었다. 입에선 단내가 나고 팔과 다리는 내 의식의 명령을 실행하지 못하고 제멋대로였다.

오전에만 세 차례 오백배 정진을 회향했다. 몸 구석구석이 쑤시고 아프니 이제는 분심도 많이 사라진 듯했다. 고통스러운 다리와 몸 구석구석에 온 정신이 쏠려 있으니 그도 그랬을 것이다. 점심 공양을 하고 난 뒤 대중방사에 잠시 누웠다. 몇 분이 지났을까? 기분 나쁜 꿈을 꾼 듯한데 별로 기억이 나지는 않는다. 다만 조금은 가벼워진 몸에 정신도 맑아졌다. 시계 바늘은 오후 두 시를 향해 가고 있었다.

목탁은 신명을 냈고
그때마다 광명진언은
하얀 입김으로 생멸했다.

적멸보궁으로
삼보일배

오대산 불보살님께 약속을 했으니 이제 나머지 천오백배를 해야 했다. 새벽녘, 상원사 문수동자를 친견하지 못한 게 송구스러웠다. 나머지 천오백배는 상원사에서 중대 사자암 다시 적멸보궁으로 이어지는 구간에서 삼보일배를 한 뒤 적멸보궁에서 마지막 정진을 회향하기로 마음먹었다. 스님께 다시 털신과 목장갑을 얻어 중무장을 한 뒤 상원사로 향했다. 겨울 털모자도 하나 챙겨 썼다. 눈은 그쳤지만 발을 내디딜 때마다 눈이 무릎까지 올라왔다. 날씨는 북풍한설北風寒雪 그대로였다. 밖에 나온 지 20여 분도 채 지나지 않았는데 차가운 칼바람 맞은 얼굴은 벌써 불그레할 만큼 얼었다. 손과 발도 시려 다시 감각이 무뎌졌다. 법당 문을 열고 맞이한 상원사 문수 동자님, 항상 그러했듯이 맑게 웃고 계시다. 어찌 보면 개구쟁이 같기도 하고 맑은 부처님 마음을 보는 듯 신비롭기도 했다. 중생심이니 어쩔 수 없이 속으로 빌고 또 빌었다.

'문수동자님이시여! 조선 왕의 패륜 업도 씻어 주셨는데 정직하게 살고 있는 우리 식구들에게도 문수의 지혜 깃들어 불편한 업연 끊어주시기를 간절히 발원합니다. 지심으로 발원합니다.'

 속이 빤히 보였지만 나는 문수보살님께 기댈 수밖에 없었다. 천오백배를 해서인지 문수보살님 앞에서 백팔배를 하는 데는 그리 오랜 시간이 걸리지는 않았다. 상원사 법당을 나와 곧바로 오대산 산길을 따라 삼보일배 정진을 시작했다. 정진의 시작 길은 자칫 미끄러지기라도 하면 20미터 아래로 굴러 떨어질 만큼 위태로운 외길이었다.

 "나로 인한 일체의 업연을 오대산 부처님과 보살님께 참회합니다. 참회와 정진으로서 그동안 지은 잘못을 참회합니다. 그러한 참회인연으로 우리 회사의 앞날에 불편함이 없기를 발원합니다. 오대산의 진신 부처님과 문수동자님, 관세음보살님께 귀의합니다."

 한 걸음 한 걸음엔 참회의 진언을 담았고 일배 일배엔 지심귀명례至心歸命禮의 발원을 담았다. 처음 일배할 때마다 느껴지던 차디찬 고통도 수없이 절을 되풀이 하니 많이 익숙해졌다. 양 무릎과 양 팔꿈치는 눈밭에 닿을 때마다 차가운 기운이 스며들었다. 차가운 눈에 살갗은 얼얼하기를 반복했다. 조금이라도 시간을 지체하면 머리에서 발끝까지 찬 기운과 바람으로 가득 찼다. 잠시의 게으름도 허락하지 않는 오대산 보살님의 꾸짖음이리라.

삼보일배로 다시 중대 사자암에 도착했다. 갑자기 절을 많이 했더니 몸에 약간의 무리가 온 듯했다. 그래도 이 정도 버틴 건 평소 꾸준히 백팔배를 한 덕택이었다. 오후 4시밖에 안됐는데 오대산은 벌써 어둑어둑하다. 스님의 배려로 잠시 쉬면서 차와 간식을 먹은 뒤 마지막 목표인 적멸보궁으로 향했다. 계단 불사가 잘 마무리 된 터라 적멸보궁으로 향하는 길은 상원사에서 사자암으로 오르는 비탈길보다 한결 편했다. 군데군데 눈이 쌓여 있는 불편함은 '난코스'를 지나왔기에 비교적 수월하게 속도를 내 그대로 삼보일배로 나아갈 수 있었다.

"관세음보살 관세음보살 관세음보살…."

헉헉대는 입으로는 끊임없이 대자대비하신 관세음보살님을 염송했다. 몸은 오체투지로 천천히 나아갔다. 한 계단 오를 때마다 지난 일들을 떠올리며 참회하고 참회했다. 나의 행동으로 일어난 일체의 분별심, 그로 인해 이어진 송사와 분쟁, 오직 참회로써 씻어내겠다는 바람으로 삼보일배를 이어갔다. 한 마리 벌레가 꿈틀꿈틀 기어서 나무에 오르고 물을 찾아 나아가듯이 나는 그렇게 적멸보궁으로 향했다.

칼바람은 일체유심조를 설법하다

해는 사라진 지 오래돼 사방엔 어스름 흑빛이 가득했다. 기어이 적멸보궁이 눈에 들어왔다. 보궁은 늘 그렇듯이 그 누구든 편안하게 맞이하고 있었다. 육체적인 고통 속에 맞이한 보궁은 예전의 그것과는 사뭇 느낌이 달랐다. 법당이 넓진 않았지만 천 년을 지켜온 보궁의 기운이나 도량의 모습은 어둠 속 한 줄기 빛이었고 그 빛은 부처님의 광배처럼 경이로웠다. 절로 머리가 숙여졌다.

  드디어 저녁 예불을 모시게 됐다. 그 자체만으로 감사하고 감사했다. 도착할 수 없을 것만 같았는데 마음속으로 '참으로 대견하다'고 스스로 응원해주었다. 작은 법당에는 이미 부전 스님과 불자들이 자리를 잡고 있었던 터라 법당 밖에서 예불을 모시고 마지막 오백배를 올리기로 마음먹었다. 적멸보궁의 부전 스님과 지중한 예불 공덕 발원하며 동참한 불자들에게 나로 인한 불편을 주고 싶지 않았다.

한겨울 오대산의 추위는 상상 이상이었다. 말 그대로 살을 에어 냈다. 절을 하다가 잠시라도 게으름을 피우고 서 있으면 차가운 기운은 사정없이 땀으로 열린 모공을 파고들었다. 그때마다 온몸은 사시나무 떨듯이 흔들렸다. 오대산 북쪽 하늘에 떠 있던 유난히 맑고 밝은 별들이 그런 '나'를 찬찬히 굽어보고 있었다. 겨울밤 별들은 더욱 맑았다. 아마도 저 별들은 부처님이 깨달았을 때도 성도成道를 증명하듯 새벽녘을 밝혔을 것이다.

너무나도 맑고 맑은 별들에 정신이 팔려서인지 한참을 서 있었던 것 같았다. 팔만사천 모공으로 다시 한기寒氣가 밀려와서였을까, 몸은 낡은 트럭처럼 마구 흔들리고 떨렸다. 떨림은 주체할 수 없을 정도였다. 한순간 마음을 다잡고 잠시 고요함과 따스함을 떠올렸다. 신기하게도 떨고 있던 몸은 이내 온기를 회복했다. 금새 떨림도 사라졌다. 나는《화엄경》의 한 구절 가르침을 온몸 온 마음으로 되내이고 있었다.

일체의 부처를 알고자 한다면
마땅히 법계의 본성을 관하라
그리하면 모든 것은 오로지
마음이 지어내는 것임을 깨닫게 되리라
若人欲了知 三世一切佛 應觀法界性 一切唯心造

일체유심조의 가르침을 조금은 체험해서였을까. 모공을 후비듯 파고드는 찬 기운은 이제 문제될 것이 없었다. 한 생각 고쳐먹으니 냉기는 그대로 온기로 변했다. 다시 몸을 일으킬 수 있었다. 삼천배도 그렇게 마칠 수 있었다. 내게 다가왔던 일체 번뇌와 아픔은 아무 변화가 없는데도 내 스스로 변하니 마음이 그렇게 편할 수가 없었다. 한 생각 바꿈의 가르침이다.

'그렇지! 있는 그대로 당당하게 받아들이면 될 일 아닌가! 지은 죄가 없으니 닥친 어려움은 큰 어려움이 아닐 것이야.'

겨울 찬바람은
나를 경책하는 죽비일뿐

적멸보궁을 올라올 때의 불안함과 고통은 그렇게 일체의 상황을 당당하게 맞이할 수 있는 마음으로 바뀌었다. 진언을 외우듯이 적멸보궁에서 사자암으로 이어진 계단을 천천히 내려왔다. 마음이 편안해지니 몸도 마음을 따랐다.

다음 날 아침 삼천배 회향에 대한 소감을 말씀드렸더니 감원 스님께서 말했다.

"오대산 부처님의 가피입니다. 가피는 스스로의 마음에 달린 것이지요. 참으로 기도를 잘 하셨네요."

나는 스님께 감사의 인사와 삼배를 올렸다. 중대 사자암을 뒤로하고 내려오는 내내 한 생각 일어나고 다시 사라짐에 대해 거듭거듭 생각했다. 작은 웃음이 절로 나왔다. 혹한 속에서 적멸보궁의 본존불과 관세음보살님, 오대산을 지키고 계신 불보살님께 올린 삼천배의 절은 내게 소중한 깨달음을 주었다. 그 어떠한 일이든 한 생각에 따라 좋은 일도 되고 나쁜 일이 될 수 있다는 것을. 탐욕스러움과 성냄, 어리석음의 상태에서는 아무리 좋은 일이라 할지라도 불편해질 수 있다는 것을 조금은 체득했다. 한 생각에 따라 극락이 지옥으로, 지옥이 극락으로 바뀔 수 있음이리라.

그러한 깨달음과 마음가짐으로 맞이한 재판과 세무 조사는 더 이상 걸림이 될 수 없었다. 그것은 나와 우리 회사를 더욱 단단하게 하는 '양약'이 되었다. 직원들은 함께 어려움을 극복하고자 더욱 단합하고 소통했고 바람직한 운영체제를 갖출 수 있도록 노력하고 공부했다. 수개월 간의 재판 끝에 검찰의 기소는 '혐의 없음'이란 판결이 내려졌다. 세무조사 역시 세금 납부에 관한 기준을 마련하는 계기가 되어 회사에 더욱 긍정적으로 작용했다. 세찬 폭풍우가 지난 뒤 오색의 무지개가 가득한 파란 하늘을 볼 수 있듯이 나와 우리 회사는 그렇게 안온함을 맞았다.

시간이 한참 흐른 요즈음도 나는 찬 공기를 맞을 때면 중대 사자암의 불보살님을 떠올린다. 그리고 그때의 삼천배 정진 속에서 깨달았던 가르침을 되새긴다. 나에게 다가오는 모든 일은 나쁠 것도 좋을 것도 없으니, 한 생각 바꿈으로써 나를 더욱 튼튼하게 하는 양약일 뿐이라는 것을. 찬바람과 나를 불편하게 하는 일체의 것들은 내가 나를 바라보게 하는 죽비와도 같은 존재일 뿐이다.

'중대 사자암에 상주하시는 불보살님 그리고, 오대산의 돌과 바람과 산신님! 감사하고 고맙습니다.'

매년 겨울이 시작되면 나는 중대 사자암을 더 자주 참배한다. 찬 기운 맞으면서 불보살님의 가르침을 되새기기 위해서다. 그리고 그 가르침을 염불처럼 염송하며 나의 몸과 마음에 거듭 새긴다. 나에게 닥친 모든 일은 좋을 것도 나쁠 것도 없으니 그냥 '나'를 점검하는 양약일 뿐이라고. 그래서일까? 이제는 어지간한 일에는 화를 내지 않게 됐다. 욕심을 내지 않으며 교만하지 않으며 누군가를 미워하지도 않으며 결코 절망하지도 않는다. 그리고 비굴하지도 않는다. 부정함에 흔들리지 않는 '나'를 지키려 항상 관찰하고 참회하는 습관을 갖게 됐다. 그것은 분명 오대산 적멸보궁의 부처님과 문수보살님께서 내게 주신 '가피'이리라.

적멸보궁으로 오르는
삼보일배 정진은
나를 낮추고, 나를 비워
참나를 만나는 시간이다.

발길 닿는
그곳에서
부처님을
친견하리

청량월
불자

힘들고 지친
현실에서

오대산 적멸보궁을 처음 찾았을 때 나는 몹시 지치고 피폐해져 있었다. 몇 해 전쯤이었던 것으로 기억한다. 당시 남편의 사업 실패로 가세가 급격히 기울었다. 사회생활 한번 해보지 않았던 나는 등 떠밀리듯 생계전선에 나섰다. 처음 해보는 일은 모든 것이 낯설고 어려웠다. 익숙하지 않은 일은 매 순간 긴장의 연속이었고, 사람 관계까지 얽혀 몸과 마음은 날이 갈수록 지쳐갔다.

참으로 고단한 삶이었다. 집에 돌아오면 초주검이 된 몸을 부여잡고 몸부림쳤다. 그렇게라도 해야 현실을 잠시 잊은 채 잠을 청할 수 있었다. 몸의 괴로움은 점차 익숙해졌지만 마음의 괴로움은 날이 갈수록 더해져갔다. 살기 위해 반드시 해야 할 일이라고 수백 번 마음을 다스려도 매일 아침 눈을 뜨는 순간은 또다시 지옥이었다.

남편과는 하루가 멀다 하고 갈등하고 부딪혔다. 몇 차례 독설이 오가고 나면 그나마도 남아 있던 삶의 의지조차 사라졌다. 모든 것이 다 후회고 서러움이었다.

'내가 무엇 때문에 이렇게 힘들게 살고 있는데, 그런 나에게 어떻게 이럴 수가….'

우리는 같은 생각을 하면서 서로를 원망만 했다. 같은 욕심을 내며 남 탓만 하고 있었다. 서로 미워하고 증오하는 마음만 눈덩이처럼 커진 채 입을 닫고 등을 돌렸다. 집안은 적막강산이었다. 나의 눈물도 남편의 한숨 소리도 나날이 깊어졌다.

무거운 집안 분위기에 아이들 볼 면목도 없었고 웃음을 잃은 채 눈치만 늘었다. 미안한 마음도 있었지만 닥친 상황 속에서 내 한 몸 추스르기가 힘들어 예전처럼 아이들의 마음을 따스하게 살필 여력도 없었다.

남편은 결국 회사를 살려내지 못하고 더욱 큰 어려움에 봉착했다. 엎친 데 덮친 격으로 그 무렵 나 역시 직장에 대한 스트레스가 많았다. 회사로 인한 스트레스가 극심했음에도 악착같이 일을 한 것은 적은 월급이라도 받아야 생활이 가능했기 때문이다.

하루하루가 벼랑 끝에 내몰린 듯 아슬아슬하게 이어졌다. 자식들은 아직 어렸고 돈 들어올 구멍 없이 나갈 곳만 많았다. 이미 지칠 대로 지친 심신은 참혹한 현실을 받아들이기에는 너무나 약했다.

암울한 현실에서 벗어나고 싶고 도망치고만 싶었다. 이생을 그냥 끝내버리고 싶다는 극단적인 생각까지 했다.

기도 공덕은
어디로 갔을까

그러던 어느 날 지인이 전화를 걸어왔다. 처녀시절 알았던 도반이었다. 외부와 단절한 채 살던 나였지만 이상하게 그 전화는 받아야 할 것 같았다. 도반은 안부를 묻기도 전에 대뜸 꿈에 내가 나왔다며 오대산 적멸보궁 중대 사자암에 다녀오자고 권했다. 그곳에서 기도를 하면 소원 하나는 꼭 이루어진다고도 했다. 그러나 이미 깊은 우울증에 시달리던 나는 누군가를 만난다는 생각만 해도 거부감이 먼저 일었다. 내 반응이 시원치 않자 그는 언제든 혼자라도 반드시 다녀오라고 신신당부를 하곤 전화를 끊었다.

다시 적막이 찾아왔다. 시계를 보니 오후 1시를 지나고 있었다. 문득 내가 존재하는 이 공간이 더없이 낯설게 느껴졌다. 벗어나고 싶었다. 나는 홀린 듯이 가방을 챙겨 현관을 나섰다. 시외버스터미널로 가 강원도 평창행 버스에 몸을 실었다. 그리고 다시 상원사로 가는 버스로 갈아탔다. 버스는 상원사까지만 운행했다.

흔들리는 버스에 몸을 싣자마자 눈을 감고 깜빡 잠이 들었던 것 같다. 눈을 뜨니 상원사였다. 법당에 참배를 하고 멍하니 앉아있다 보니 법당을 정리하던 보살님 한 분이 저녁 공양을 권했다. 뜻하지 않은 친절에 머뭇거리며 공양간을 찾아 저녁 공양을 했다. 집이 아닌 공간에서 실로 오랜만에 먹는 밥이었다. 밥을 먹으니 기운이 솟는 느낌이었다. 기분이 좋아졌다. 이미 해가 기울었지만 애초 계획했던 중대 사자암으로 발길을 옮겼다.

어둑어둑한 산길에 인적은 드물었다. 이따금 표지판과 희미한 불빛이 사자암 가는 길을 비추고 있었다. 조용히 걸음을 옮기다 왈칵 눈물이 쏟아졌다. 내 인생이 어쩌다 이렇게 됐을까? 서러움이 물밀듯이 밀려들었다. 그러고 보니 사찰을 찾은 것도 참 오랜만이었다. 사는 게 바빴다고는 하지만 핑계에 불과함을 알고 있다.

내 마음 한켠에는 부처님을 향한 원망이 자리하고 있었다. 나는 신심 깊은 불자 집안에서 태어나 한평생 불교와 함께했다. 부모님은 매년 정초가 되면 사찰을 찾아 가족을 위해 새해 소원 등을 켜고 기도를 하셨다. 나 역시 마찬가지였다. 사찰을 자주 찾지는 않았지만 부처님오신날이 되면 꼭 사찰을 찾았고 때론 이름난 사찰을 참배하며 가족 건강과 가정의 평안을 위해 기도했었다.

그런데 그 기도의 공덕은 대체 어디로 갔을까? 왜 나는 이리도 힘들고 고통스러울까? 삶이 버겁고 힘겨워질수록 나는 부처님을 멀리 했다. 부처님 가르침이 내 삶에 의지처가 될 수 있으리라는 기대나 희망보다, 내 앞에 닥친 삶이 더 무거웠기 때문이다.

원망하는 마음을 버리고
나를 발견하다

신세 한탄을 하며 서러운 눈물을 훔치다보니 어느새 중대 사자암에 도착했다. 산길을 오르느라 어느새 숨은 턱 밑까지 차올랐다. 지금의 고통을 느끼듯 숨을 헉헉대고 있었다. 법당에 도착해 삼배를 하고 앉으니 마음이 한결 홀가분했다. 간절한 모습으로 철야 기도를 하는 불자들의 모습을 보고 있자니 잊고 있던 신심이 다시 솟았다.

혼란스럽고 원망만 하던 마음을 다잡았다. 소원이 이루어지든 이루어지지 않든 오늘 이 순간 부처님 전에 몸을 낮추고 온전히 나를 내던지고 싶은 지극한 마음이었다. 체력이 많이 떨어진 탓에 백팔배도 쉽지 않았다. 절을 하다가 울음이 터져 나와 일어나지 못한 채 흐느끼다가도 다시 몸을 추스려 절을 했다. 어렵게 백팔배를 마치고 앉아 염불을 하고 있자니 그토록 힘들었던 현실이 마치 지난 밤 꿈처럼 부질없게 느껴졌다.

밤이 깊어질수록 정신은 더욱 맑아졌다. 마음도 점차 평정심을 되찾았다. 현실의 부담감을 덜어내니 법당에 앉은 내 자신이 보였다. 불쌍한 내가 거기에 앉아 몸부림치고 있었다. 현실에 치여 잊고 살았던 내 자신이 다시 살아나는 느낌이었다. 그렇게 첫날 기도를 마치고 한결 가벼워진 마음으로 귀가했다.

나는 이후 종종 적멸보궁을 찾는다. 어려울 때면 더 자주 찾는다. 남편의 사업이 제자리를 찾을 수 있도록 빌고, 나 또한 괴로움에서 벗어나게 해달라고 기도한다. 간절하고도 간절했지만 현실은 그리 크게 변하지 않았다. 오히려 어느 날은 보궁에 다녀온 뒤 좋지 않은

일로 마음고생을 하기도 했다. 그래도 예전처럼 원망하는 마음은 없었다. 내 기도는 점차 소원을 이루기 위함이 아니라 나를 돌아보고 마음의 안정을 찾기 위한 정성으로 변하고 있었다.

보궁을 찾는 일이 잦아지면서 순간순간 나 자신에게 질문을 던지기 시작했다.

'나는 무엇을 바라고 이곳에서 기도를 하고 있는 것일까? 지금 나를 힘들게 하는 이 괴로움은 어디서부터 시작했을까?'

그동안 불자라는 이름으로 많은 사찰을 찾았고 기도를 했지만 스스로에게 의문을 가져본 적은 없었다. 그런데 적멸보궁에서 보내는 시간이 많아질수록 이러한 의문들이 나를 돌아보게 만들었다. 나쁜 기억보다는 좋은 기억을 떠올리며 긍정하게 하는 기운으로 몸 구석구석을 씻어내려 노력했다.

그리고 어느 순간 작은 깨달음 하나를 얻었다. 바로 내 어리석음에 대한 알아차림이었다. 나는 지금껏 잘못된 기도를 하고 있었던 것이다. 간절한 마음으로 기도를 했지만 나 자신에게 집중하기보다는 나를 둘러싼 상황에 더욱 집착하고 있었다. 내가 변화하기보다는 남이 변하기를, 내 앞의 현실이 변하기를 바랐다. 남 탓만 하고 있었으니 그 무엇도 변할 리 없었다. 내가 내 마음의 주인이 되지 못한 채 현실에 매여 끝없이 흔들리고 번뇌하고 있었던 셈이다.

기도의 형식에 치우쳐 경전을 읽고 염불을 외웠고, 절에 다니면 이 현실이 나아질 것이라는 욕심으로 부처님의 바른 법도 이해하지 못한 채 무작정 기도에만 몰두했다. 내 욕심에만 집중했던 것이다. 이 모든 고통스러운 일들이 내가 아닌 주변 사람과 상황에 의해 발생했다고 생각했기 때문이다. 어찌 보면 그동안 했던 기도는 주어진 현실을 외면하고 회피하기 위한 염원이었으리라.

가피, 돌이키는 힘을 얻다

순간순간 나 자신에게 던진 질문들은 결국 나 자신을 있는 그대로 직관直觀할 수 있는 계기가 되었다. 나 자신의 어리석음을 깨달았다고 해서 현실의 괴로움이 사라진 것은 아니었다. 다만 오랜 시간 나를 벼랑 끝으로 내몰았던 감정과 욕심의 소용돌이에서 벗어날 수 있는 힘이 생겼다. 특히 가족을 향한 마음에 적지 않은 변화가 있었다. 지지부진한 사업으로 남편은 내게 항상 원망의 대상이었지만, 이제는 그토록 어려운 상황에서도 가정을 버리지 않고 노력하는 모습이 보이기 시작했다. 새삼 감사했다.

경제적으로도 어렵고, 항상 무겁게 가라앉은 가정 분위기 속에서도 건강하게 잘 커주고 있는 아이들에 대한 미안함과 고마움도 한눈에 들어왔다. 나를 위해 기도해주신 양가 부모님의 사랑과 우울증에 시달리는 나를 걱정해준 지인들, 그리고 힘든 상황에서도 삶을 놓지 않고 이겨내기 위해 노력한 나 자신에 대한 감사함에 이르기까지. 내가 세상에서 가장 힘들다는 생각으로 가득했던 고통의 순간에도 감사할 일은 이토록 많았다.

그럼에도 나는 현실이 내 뜻대로 풀리지 않는다며 다른 사람을 탓하고 괴로워했다. 항상 '누구 때문에 안 돼'라는 말을 마음에 담고 있었다. 감사할 줄 모르는 어리석음이 나를 더욱 힘들게 만든 것도 모른 채 말이다.

마음 한자리가 바뀌니 나를 둘러싼 현실도 달리 보였다. 힘든 현실은 여전했지만 예전만큼 고통스럽지 않았다. 뒤늦게 깨달은 가족의 사랑이 굳건한 울타리가 되어 웃음과 믿음으로 조금씩 극복해나 갈 수 있는 신심이 생겼기 때문이다.

　이제는 적멸보궁에 엎드려 내 욕심을 바라는 소원을 빌지 않는다. 그저 지난날의 잘못을 진심으로 참회할 뿐이다. 나의 이기심과 욕심으로 나 자신을 괴롭게 하고 나와 인연을 맺은 사람들을 힘들게 한 데 대한 참회다. 욕심으로 가득 찬 나는 나쁜 마음과 행동 그리고, 수없이 많은 나쁜 말로 많은 사람들에게 상처를 주었고 나를 괴롭히는 업까지 지었다. 평생 참회를 해도 부족하리라.

　오대산 적멸보궁에서 행한 기도는 절망의 순간 나를 다잡는 위로가 되었을 뿐만 아니라 내가 현실을 직시하고 주어진 것들에 감사할 수 있게 한 인생의 전환점이 되었다. 또 세상에 대한 원망 대신 나를 찾고 그동안 알게 모르게 지은 죄업을 참회할 용기와 기회를 줬다. 자비로운 부처님께서 한없이 어리석은 내게 내린 가피이리라. 가피를 온전히 나의 것으로 받는 것 역시 나의 몫일 뿐이다.

　여전히 남편의 사업은 불안정하고 나는 바쁜 일상에 내몰려 녹초가 되곤 한다. 여전히 업장의 장막에 가려 치솟는 원망과 욕심이 내 자신과 주변의 인연 있는 이들을 괴롭히기도 한다. 그러나 힘든 상황이 닥칠 때마다 무기력하게 번뇌에 끄달렸던 '나'는 이제 없다. 모든 것은 내 마음에 달렸다는 부처님의 가르침을 되새기는 '내'가 있기 때문이다.

나는 오늘도 다시 오대산 적멸보궁에 오른다. 그리고 부처님 전에 엎드려 기도를 올린다.

'부처님, 오늘도 내 마음 속 부처님을 친견할 수 있는 인연 공덕을 주셔서 감사합니다. 부처님의 법을 바르게 알고 행하도록 노력할 수 있는 용기를 주십시오. 저와 인연을 맺은 모든 사람들에게 감사할 수 있는 마음을 주세요. 부처님, 어리석은 제가 지은 죄업을 진정으로 참회합니다. 이런 마음들이 간절하고 지극하도록 저를 지켜주십시오. 제가 바른 불자의 길을 가도록 인도해주셔서 머리 숙여 감사드립니다.'

이곳에서 평생토록 갚지 못할 크나큰 부처님의 가피를 받았다. 오대산 적멸보궁으로 향하는 발길 걸음마다 부처님을 친견하리라.

눈물과
참회로
얻은
광명진언의
가피

신옥녀
불자

정진의
힘

세월호 사고 후 10일째 되던 날, 광명진언 철야 정진에 동참했다. 밤 10시부터 시작해 두 시간 동안 광명진언 정근을 하면서 세월호 희생자들의 극락왕생을 발원했다. 모든 사람이 일심이었고, 시간이 깊어갈수록 정진의 깊이도 더해갔다.

세월호 희생자 영가의 천도를 위해 촛불을 하나씩 들었다. 천천히 석녈보궁으로 향하였다. 모두들 염불은 놓지 않았다. 그렇게 한 걸음 한 걸음 옮기며 정진하고 있었다.

다리가 아파 도저히 따라갈 수 없던 나는 비로전 법당에나마 남아서 정진했다. 잔잔하게 타오르는 촛불을 앞에 놓고 《불설아미타경佛說阿彌陀經》을 독송했다. 한 자 한 자 독송할 때마다 눈물이 빗물처럼 쏟아졌다.

세월호 희생자들을 생각하니 드는 아픔이었고, 그 안에 나의 아픔이 있었다. 그 눈물이 아픈 무릎을 씻어 주어 통증이 서서히 사라짐을 느꼈다. 탐내고 화내며 어리석었던 지나온 삶에 대한 회한과 참회의 눈물들이었다. 나의 아픔과 희생자들의 아픔이 다르지 않다는, 나와 세상이 하나로 연결되어 있다는 가르침이고 깨달음이었다.

그 다음달 셋째주 토요일 밤에도 여전히 아픈 무릎으로 광명진언 정진에 입재했다. 감원 스님과 더불어 정진에 참가한 대중들 모두 깊은 신심으로 정진했다. 시간이 얼마나 지났을까. 참으로 신심나는 광경을 경험했다. 부처님께서 자비로운 손길로 나의 왼쪽 아픈 무릎을 지그시 누르고 있었다. 참으로 신비스러웠다.

이 늙은 노인네가 아픈 다리 이끌고 매월 광명진언 철야 정진에 참여해 세월호 희생자 천도 기도를 간절히 하니 내려준 가피였다고 생각한다. 다른 이들의 아픔에 공감하고 나의 아픔을 눈물로 씻어 보냈기 때문일까. 다리의 아픔도 흐르는 눈물 속에 같이 사라진 것일까. 잘못봤다거나 헛소리한다고 할 수 있겠으나 경험하지 않고서는 알 수 없는 대목이다.

그동안 아픈 다리 때문에 여기 저기 다녀도보고, 치료와 약을 써봤지만 별 효험이 없었다. 그런데 광명진언 철야 정진에 참여하여 참회의 눈물을 흘린 뒤부터 다리는 더 악화되지도 않았고 오히려

서서히 통증이 사라지고 있다. 나이 때문인지 완치되지는 않았다. 하지만 이 정도의 아픔은 다른 이들도 다 가지고 있으니 가지고 있으라는 자비의 뜻으로 여기고 광명진언 철야 정진에 매번 참여하고 있다.

광명진언의 강력한 힘, 가피

김정은
불자

적멸보궁에서의 초발심

이젠 입버릇이 되었다. 그 어떤 일을 하건 입에서는 "옴 아모카 바이로차나 마하무드라 마니파드마 즈바라 프라바를타야 훔"이란 진언이 흘러나온다. 그 어디서나 어느 때건.

중대 사자암과 적멸보궁의 인연은 우연에서 시작되었다. 남편의 여름 휴가 때 '어디로 떠날까', '어디에서 휴식같은 힐링의 시간을 보낼까' 하는 마음으로 휴가지 검색을 하는데 오대산 월정사가 눈에 들어왔다. 월정사, 상원사, 중대 사자암, 적멸보궁으로 이어지는 답사 코스가 매력적이었다.

특히 적멸보궁이란 낯선 단어에 기대감으로 설레었다. 절에서 하룻밤을 묵고 새벽 예불을 올렸다. 언제 다시 이곳에 올 수 있을까 싶어 예불 후에 백팔배를 했다. 만 가지 소원을 빌겠다는 원대한 꿈을 갖고 힘겹게 절을 시작했다. 이윽고 마지막 한 배를 끝내는 순간 나도 모르게 "부처님, 제 욕심을 모두 버리게 해주세요"라고 탄식을 질렀다.

탄식은 순간 눈물이 되어 흘렀다. 새벽녘 고요한 법당에서 소리 없이 흐르는 눈물 속에서 희열을 느꼈다. 욕심만 갖고 살았던 지난 삶에 대한 참회의 눈물일까. 또 그 참회의 눈물 속에서 느낀 희열은 무어란 말인가.

중대 사자암은 그렇게 친정집 같은 편안함과 휴식의 공간이 되었다. 몸과 마음이 더불어 쉴 수 있는 어머니가 계신 친정집이 되었다. 마법같은 선물이었다.

힘든 일이 생기거나, 새로운 각오를 할 때면 적멸보궁을 찾는다. 그리고 매월 넷째 주 토요일에 진행되는 광명진언 철야 정진에도 참여한다. 아직 내가 돌봐야 하는 아이들이 있지만 때가 되면 홀로 광명진언 여행에 나선다. 집안일을 모두 마친 토요일 점심 후에 출발해서 일요일 아침 집에 도착하는 일정은 직장을 다니는 나에게 안성맞춤이다.

오대산에 들어서면 나무 냄새며 청량한 공기며 맑은 하늘이며 금방이라도 쏟아질 것 같은 별들이며 겨울에는 켜켜이 쌓인 눈까지 내 몸과 마음을 씻어내고 충전해주는 신비로운 존재들을 오감으로 느낄 수 있다. 적멸보궁은 내 마음에 부처님의 씨앗을 심고 발심을 하게 한 첫 도량이다.

　요즘은 '부처님 감사합니다' 하는 말을 인사말처럼 하고 다닌다. 삼 년을 다니면서 감사하고 고마운 일들만 생긴다. 모든 것이 감사하고 고마울 따름이다.

　광명진언의 강력한 힘은 나에게 편안함과 더불어 굳게 참아내는 힘을 준다. 그래서 나는 매월 오대산으로 향한다.

참된 삶을 사는 불제자로서
모든 생명을 존중하고
더불어 살아가는 삶을 살겠습니다.

열심히 일하며
언제나 배우는 삶을 살겠습니다.

베푸는 마음 감사함에
부끄럽지 않은 삶을 살겠습니다.

진실을 말함에
모든 이의 가슴을 따뜻하게 하는 삶을 살겠습니다.

보살도를 행하며
한마음 바른 삶을 살겠습니다.

우리가족
건강하고
행복하기를~

사람 만나는 인연은 봄바람처럼
포근하고 편안하게 하십시오.
광명진언이 탐진치를 청소하고
마음의 문을 여는 열쇠입니다.

어머니께서 주신 가피 딸에게 전합니다

녹야원
불자

어릴 적 초등학교에 입학하기 전까지 피부병과 함께 잔병치레가 많았다. 병치레가 극심하다 보니 항상 몸에는 고통이 멍에처럼 덧씌워져 있었던 것 같다. 병치레의 후유증으로 보통 사람들에 비해 삶은 늘 고단하고 힘겨웠다. 내일 눈을 뜨지 않았으면 좋겠다는 생각이 들었을 정도였으니 말이다. 나의 마음은 늘 병고와 아픔을 이겨내느라 부단히 싸워야했고 버둥댔다. 고통이 온몸에 닥지닥지 달라붙어 있다보니 마음은 항상 불안했고 늘 무언가에 쫓기는 듯한 삶이 이어졌다.

부처님 만나기 전까지 미혹한 중생의 삶은 항상 그렇게 이어졌다. 병원에 가봐야 특별히 위독한 병증은 없다는 것이 의사 선생님들의 한결같은 진단이었다. 그런 상황이 더 답답했다. 늘 아프고 귀찮게 생각했으니 그런 나의 모습에 나 스스로 질리고 답답했다. 오늘도, 내일도 고통번뇌, 고통번뇌 또 고통번뇌, 그러한 나날이 이어졌다. 아픈 사람들은 늘 말한다. 한날한시도 마음 편히 쉬지 못한다고. 나의 삶이 꼭 그러했다. 살아있는 내내, 이생의 삶에서 내 몸의 고통은 그 끝을 알 길이 없고 그 깊이도 알 수 없다고 여겼다. 숨 쉬면서 살아있는 '나'를, 아니 숨이 떨어지지 않는 '나'를 내가 괴롭히고 있었던 것이다.

하루하루를 버티어낸다는 말이 딱 들어맞는 내게 조금씩 변화가 찾아온 것은 어머님 따라 당시에는 어딘지도 모를, 강원도 어느 높은 산에 있는 작은 절이라고 하는 데를 가면서부터였다. 30여 년 전 부처님오신날이 가까워 오는 4월의 어느 날, 그때 나이 막 고등학교 입학할 때였으니 십대 중반이었을 것이다. 매사 귀찮아하고 짜증만 내는 '딸내미'를 어머니는 손을 꼭 잡고 길을 나서셨다. 당신도 그렇게 건강한 편이 못되면서 어머니는 서울에서 고속버스를 타고 평창으로, 다시 평창 읍내에서 버스를 타고 오대산으로 향했다. 청량한 신작로를 지나던 첫 길은 오랜 세월이 지난 지금도 눈앞에 생생하다. 청량한 바람이 골골에 있어서 청량산이라고 했단다! 오대산 공기와 나무는 병마에 시달리던 깡마른 소녀의 온몸을 어루만지듯 안아주었다. 마치 관세음보살님이 몹쓸 병으로 고통받는 중생을 어루만지듯이. 아마도 등창을 앓던 세조의 병을 깨끗이 씻어주었던 문수동자의 손길도 그러했을 것이다. 오대산 맑은 바람과 숲이 내 몸에 붙어있던 닥지닥지 고통 덩어리를 조금씩 씻어내고 있는 듯한 느낌을 한 걸음 한 걸음마다 느낄 수 있게 해주었다. 걷는 것 자체를 싫어하는 나를 한 걸음 한 걸음을 가볍게 받아주던 오대산 흙길은 나를 상원사를 거쳐 중대 사자암까지 살포시 옮겨 주었다. 몸이 아팠는데도 힘겹지 않았던 것으로 기억한다. 당시를 생각하면 지금도 더없이 신기할 뿐이다. 도심 복판의 집에서는 밖에 나가는 것조차 싫어했으니 말이다.

처음으로 중대 사자암 비로전 부처님과 보살님들께 인사를 올리고 난 뒤 조금은 기운을 회복한 마음으로 한 모금 약수로 목을 적셨다. 마음 밖 고통이 아닌 마음 안 고통과 오장육부에 가시 같이 박혀있던 아픔들이 떨어져 나가는 것 같았다. 신이하고 신이했다. 오대산에 발을 들인 지 두 시간 안팎의 호흡과 공감, 그것으로 나의 몸이 이렇게 변하다니. 힘이 나는 듯 주먹을 쥐어 보이니 어머님께서 더 좋아하셨다. 어머님도 그런 내 모습에 연신 비로전과 사자암을 둘러싸고 있는 수많은 나무와 풀님들께 감사의 인사를 올리셨다. 어머님도 나처럼 함박웃음을 짓고 있었다. 어머니와 나는 서로를 보면서 그렇게 한참을 웃었다. 이제는 볼 수 없는 어머님! 이제는 오대산 오를 적마다 어머님의 자비로운 얼굴이 적멸보궁 작은 절 형체 없이 앉아 계신 관세음보살님 같기만 하다.

"어머님! 감사합니다. 어머님은 내게 관세음보살이셨습니다."

적멸보궁을 참배할 때면 절로 주문을 외우듯 감사의 인사가 나온다. 어릴 적 지극하고 신기한 체험은, 어쩌면 어머님의 딸을 향한 지극한 마음이 있었기에 느낄 수 있던 것이다. 신기할 것도 없고 그냥 그대로 받아들일 일이라고 하기에는 내 마음과 몸의 변화가 매우 컸다. 그 뒤로도 어머님 따라 중대 사자암과 적멸보궁을 오르는 순례는 월례 행사처럼 이어졌다.

중대 사자암 오를 때 그 철없던 걸음은 세월이 지난 지금도 이어지고 있다. 지금은 몸이 건강해져 신작로 길을 천천히 걸어서 작은 절 적멸보궁까지 쉬엄쉬엄 오르고 있다. 내가 좋아서 오르기도 하지만 중대 사자암과 작은 절 적멸보궁으로 오르는 길에 같이 가는 새로운 도반이 한 명 생겼다. 바로 나의 딸아이다. 이놈은 선천적으로 나와는 달리 아주 건강했다. 그런데 문제는 마음이었다. 외출할 때 같이 가자고 해도 동행하지 않으려 해서 함께 다닐 일이 그리 많지 않지만 딸아이는 오대산 가는 길에는 반드시 나와 함께 길을 나선다. 마치 내 어머니가 나와 함께 그러했듯이 동행하고 있다. 아마도 딸아이를 챙겨 오대산 산길을 걷는 내 마음은 어릴 적 우리 어머니의 마음과 꼭 같지 않을까.

'오대산 부처님! 문수보살님! 관세음보살님! 우리 딸아이의 마음이 편안해지고 항상 건강해지기를 일심으로 발원합니다.'

나 역시 우리 어머니를 따라 그렇게 기원하면서 산에 오른다.

'항상 산만하고 불안정한 우리 아이가 오대산 잣나무, 진달래, 들풀처럼 항상 그러했으면 합니다. 누가 뭐라고 해도 벌컥벌컥 화 내지 않고 그냥 그대로 항상 자연스러웠으면 합니다. 오대산 부처님! 문수보살님! 관세음보살님! 우리 딸아이를 자연의 길로, 오대산 가피의 길로 인도해주세요.'

나의 어머니와 처음 걷던 그 길에 이제 어머님은 계시지 않다. 역할을 바꾸어 나는 어머니가 되었고 나의 옆엔 나의 도반이자 부처님이신 딸아이가 내가 처음 그랬듯이 천천히 나를 따르고 있다. 딸아이의 산만하고 주의력이 결핍된 불안증은 내가 오대산에서 병고를 치유했듯이 깨끗이 나아지지는 않았지만 조금씩 더디게 좋아지고 있다. 오대산에 오를 때마다 천천히 치유되고 있다는 느낌이 다가오고 있다.

그냥 걷기만 하여도, 중대 사자암의 수많은 불보살님을 친견만 하여도, 작은 절 적멸보궁의 빈 방석에 앉아 계신 관세음보살님의 자비로움을 느끼기만 하여도 고통스럽고 방황하는 모습이 조금씩 좋아지는 듯하다. 내가 딸아이와 오대산과 중대 사자암, 작은 절 적멸보궁을 향하는 까닭이다. 어머니가 나의 손을 잡고 걸었듯이, 내가 딸아이의 손을 잡고 걸었듯이, 내 딸아이 역시 자기 자식의 손을 잡고 걸을 것이다. 그렇게 그 길은 앞으로도 계속 이어질 것이다.

천 년의 가피를 이어 온 공덕은 그렇게 부처님의 성품을 닮으려는 아주 평범한 불자들의 마음에서 마음으로 이어져 오대산은 문수성지가 되었고 수행의 성지가 되었으며 가피의 성지가 되었다고 생각한다. 중대 사자암과 작은 절 적멸보궁을 지켜봐온 일체 나무와 돌, 공기는 사피의 성지임을 증명해왔으며 오대산으로 향하는 불자와 사람들을, 동물들을 항상 지켜왔을 것이다. 하루하루 그러한 삶이 이어진다면 우리에게 남은 날들은 날마다 좋은 날뿐이다. 중대 사자암에서 봉행하는 광명진언 철야정진에도, 정기 법회에도 자주 동참하지 않는 '나이롱 불자' 정도의 수준이지만 나의 발길은 끊이지 않고 적어도 2~3개월마다 이어질 게 분명하다. 그 옆에는 물론 내 딸아이가 있을 것이다.

'오대산의 비로자나 부처님! 삼천불전 동자님과 나한님, 자연의 불보살님! 천년의 가피를 내려주셔서 감사하고 감사합니다.'
오대산 적멸보궁으로 향하는 걸음걸음엔 항상 알아차림이 있었다. 그 발걸음 하나하나 관찰하면 부처님의 가피를 친견하게 된다. 지금 이 행복을 얻을 수 있게 해준 어머니와 딸아이에게 고마움의 향을 올린다.
"당신들은 나의 관세음보살입니다."

부록

백 팔 대 참 회 문

百八大懺悔文

중생의 번뇌가 108가지라는 데서 유래하여 절 한 번 하면서 한 가지의 번뇌를 소멸하는 것이 백팔배입니다. 절은 몸을 숙이고 마음을 비우는 하심下心의 수행법입니다. 백팔대참회문에 따라 한 배 한 배 정성스럽게 절을 하며 몸과 마음을 평화롭게 만들고, 자신을 성찰하는 시간을 가져보세요. '나를 깨우는 백팔배'는 참회와 감사, 발원과 회향의 마음으로 개인 행복과 세상의 평화를 실현할 수 있습니다.

나를 깨우는
백팔배 참회문

넓고 깊은 원력 세워 보살도를 닦고 닦아 고통 중생 구하시려 사바세계 몸을 나퉈 큰 사랑과 연민으로 널리 중생 구하시는 제불보살님께 지성으로 귀의하옵니다.

001   거룩한 부처님께 지극한 마음으로 귀의합니다.
002   거룩한 가르침에 지극한 마음으로 귀의합니다.
003   거룩한 스님들께 지극한 마음으로 귀의합니다.
004   어디서 와서 어디로 갈지 생각 않고 살아온 것을 참회합니다.
005   참나를 망각한 채 살아온 것을 참회합니다.
006   나를 소중하게 여기지 않고 살아온 것을 참회합니다.
007   진실한 마음 저버리고 살아온 것을 참회합니다.
008   조상님의 은혜 잊고 살아온 것을 참회합니다.
009   부모님께 감사한 마음 잊고 살아온 것을 참회합니다.
010   일가 친척들의 공덕 잊고 살아온 것을 참회합니다.

011 배울 수 있게 해준 모든 인연 잊고 살아온 것을 참회합니다.
012 먹을 수 있게 해준 모든 인연 잊고 살아온 것을 참회합니다.
013 입을 수 있게 해준 모든 인연 잊고 살아온 것을 참회합니다.
014 이 세상의 모든 인연 잊고 살아온 것을 참회합니다.
015 내 이웃의 감사함 잊고 살아온 것을 참회합니다.
016 내가 지은 죄를 망각한 것을 참회합니다.
017 삼생의 업보를 소멸하기 위해 지극한 마음으로 참회합니다.
018 성냄으로 악연이 된 인연들에게 참회합니다.
019 모진 말로 악연이 된 인연들에게 참회합니다.
020 교만함으로 악연이 된 인연들에게 참회합니다.
021 탐욕으로 악연이 된 인연들에게 참회합니다.
022 시기심으로 악연이 된 인연들에게 참회합니다.
023 분노심으로 악연이 된 인연들에게 참회합니다.
024 인색함으로 악연이 된 인연들에게 참회합니다.
025 원망하는 마음으로 악연이 된 인연들에게 참회합니다.
026 이간질로 악연이 된 인연들에게 참회합니다.
027 비방함으로 악연이 된 인연들에게 참회합니다.

028 무시함으로 악연이 된 인연들에게 참회합니다.

029 비겁한 생각과 말과 행동을 참회합니다.

030 거짓말과 갖가지 위선을 참회합니다.

031 남의 것을 훔치는 생각과 행동을 참회합니다.

032 다른 생명을 해친 것을 참회합니다.

033 오직 나만을 생각하는 것을 참회합니다.

034 악연의 씨가 되는 어리석은 생각을 참회합니다.

035 어리석은 말로 상대방이 잘못되는 악연을 참회합니다.

036 어리석은 행동으로 악연이 된 인연들에게 참회합니다.

037 집착하는 마음과 말과 행동을 참회합니다.

038 내 눈으로 본 것만 옳다고 생각한 어리석음을 참회합니다.

039 내 귀로 들은 것만 옳다고 생각한 어리석음을 참회합니다.

040 내 코로 맡은 냄새만 옳다고 생각한 어리석음을 참회합니다.

041 내 입으로 맛본 것만 옳다고 생각한 어리석음을 참회합니다.

042 내 몸으로 느낀 것만 옳다고 생각한 어리석음을 참회합니다.

043 내 생각만 옳다는 어리석음을 참회합니다.

044 삼생의 모든 인연들을 위해 지극한 마음으로 참회합니다.

045 내가 살고 있는 지구를 생각하지 않은 것을 참회합니다.

046 세상의 공기를 더럽히며 살아온 어리석음을 참회합니다.

047 세상의 물을 더럽히며 살아온 어리석음을 참회합니다.

048 하늘과 땅을 더럽히며 살아온 어리석음을 참회합니다.

049 산과 바다를 더럽히며 살아온 어리석음을 참회합니다.

050 꽃과 나무를 함부로 자르는 어리석음을 참회합니다.

051 이 세상을 많고 적음으로 분별하며 살아온 것을 참회합니다.

052 이 세상을 높고 낮음으로 분별하며 살아온 것을 참회합니다.

053 이 세상을 좋고 나쁨으로 분별하며 살아온 것을 참회합니다.

054 이 세상을 옳고 그름으로 분별하며 살아온 것을 참회합니다.

055 병든 사람에 대한 자비심의 부족함을 참회합니다.

056 슬픈 사람에 대한 자비심의 부족함을 참회합니다.

057 가난한 사람에 대한 자비심의 부족함을 참회합니다.

058 고집스러운 사람에 대한 자비심의 부족함을 참회합니다.

059 외로운 사람에 대한 자비심의 부족함을 참회합니다.

060 죄를 지은 사람에 대한 자비심의 부족함을 참회합니다.

061 부처님께 귀의하게 되어 감사한 마음으로 절하옵니다.

062 부처님의 법에 귀의하게 되어 감사한 마음으로 절하옵니다.

063 승가에 귀의하게 되어 감사한 마음으로 절하옵니다.

064 모든 생명은 하나로 연결되어 있음을 알아 감사한 마음으로 절하옵니다.

065 모든 생명은 소통과 교감이 있음을 알아 감사한 마음으로 절하옵니다.

066 모든 생명은 우주의 이치 속에서 살아감을 알아 감사한 마음으로 절하옵니다.

067 나와 남이 하나임을 알아 감사한 마음으로 절하옵니다.

068 세상의 아름다움을 알아 감사한 마음으로 절하옵니다.

069 생명의 신비로움을 알아 감사한 마음으로 절하옵니다.

070 새소리의 맑음을 알아 감사한 마음으로 절하옵니다.

071 바람 소리의 평화로움을 알아 감사한 마음으로 절하옵니다.

072 시냇물 소리의 시원함을 알아 감사한 마음으로 절하옵니다.

073 새싹들의 강인함을 알아 감사한 마음으로 절하옵니다.

074 무지개의 황홀함을 알아 감사한 마음으로 절하옵니다.

075 자연에 순응하면 몸과 마음이 편함을 알아 감사한 마음으로 절하옵니다.

076 자연이 생명 순환의 법칙이라는 것을 알아 감사한 마음으로 절하옵니다.

077 자연이 우리들의 스승이라는 것을 알아 감사한 마음으로 절하옵니다.

078 가장 큰 축복이 자비심이라는 것을 알아 감사한 마음으로 절하옵니다.

079 가장 큰 재앙이 미움, 원망이라는 것을 알아 감사한 마음으로 절하옵니다.

080 가장 큰 힘이 사랑이라는 것을 알아 감사한 마음으로 절하옵니다.

081 항상 부처님의 품 안에서 살기를 발원하며 절하옵니다.

082 항상 부처님의 법 속에서 살기를 발원하며 절하옵니다.

083 항상 스님의 가르침을 따르기를 발원하며 절하옵니다.

084 욕심을 내지 않기를 발원하며 절하옵니다.

085 화내지 않기를 발원하며 절하옵니다.

086 교만하지 않기를 발원하며 절하옵니다.
087 시기하지 않기를 발원하며 절하옵니다.
088 모진 말을 하지 않기를 발원하며 절하옵니다.
089 거짓말을 하지 않기를 발원하며 절하옵니다.
090 남을 비방하지 않기를 발원하며 절하옵니다.
091 남을 무시하지 않기를 발원하며 절하옵니다.
092 남을 원망하지 않기를 발원하며 절하옵니다.
093 매사에 겸손하기를 발원하며 절하옵니다.
094 매사에 최선을 다하기를 발원하며 절하옵니다.
095 매사에 정직하기를 발원하며 절하옵니다.
096 매사에 긍정적이기를 발원하며 절하옵니다.
097 자비로운 마음으로 살기를 발원하며 절하옵니다.
098 맑고 밝은 마음 가지도록 발원하며 절하옵니다.
099 모든 생명이 평화롭기를 발원하며 절하옵니다.
100 이 세상에 전쟁이 없기를 발원하며 절하옵니다.
101 이 세상에 가난이 없기를 발원하며 절하옵니다.
102 이 세상에 질병이 없기를 발원하며 절하옵니다.

103 보살행을 실천하며 살아가기를 발원하며 절하옵니다.
104 반야지혜가 자라기를 발원하며 절하옵니다.
105 수행하는 마음이 물러나지 않기를 발원하며 절하옵니다.
106 선지식을 만날 수 있기를 발원하며 절하옵니다.
107 이 세상에 부처님이 오시기를 발원하며 절하옵니다.
108 오늘 지은 인연 아낌없이 시방법계에 회향하며 절하옵니다.

대자대비하신 부처님, 거듭 참회하고 발원하옵니다. 저의 어두운 마음에 보리의 종자 심어져 참된 불성이 나타날 수 있도록 자비심으로 거두어주소서. 시방삼세 제불보살님과 역대 선지식들께 진심으로 바라오니 저의 참된 발원이 물러나지 않도록 지켜주시옵소서.

나무 석가모니불
나무 석가모니불
나무 시아본사 석가모니불

적멸의 세계, 중대 사자암의 어제와 오늘

참고문헌

《삼국유사》, 최광식·박대재 역주, 고려대학교출판부
《삼국유사》, 정악 역주, 북스타
《삼국사기》, 한국사 사료연구소, 한글과컴퓨터

논문

    김복순, 〈자장의 생애와 율사로서의 위상〉
    김상범, 〈당대 오대산 문수성지와 국가권력〉
    남무희, 〈자장과 한국불교의 보궁신앙〉
    서정목, 〈효소왕 출생 시기 관련 기록 검토〉
    이원석, 〈오대산 중대 적멸보궁의 역사〉
    자현(염중섭), 〈자장과 화엄의 관련성 고찰〉
    자현(염중섭), 〈자장의 오대산 개창과 중대 적멸보궁〉
    자현(염중섭), 〈오대산사적기 제1 조사전기의 수정인식 고찰〉
    조범환, 〈신라 중대 성덕왕의 왕위 계승 재고〉
    혜남(윤재성), 〈자장율사의 생애〉